天下文化

BELIEVE IN READING

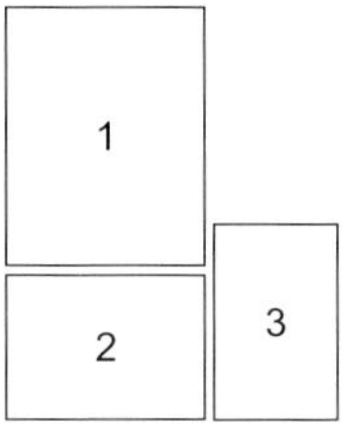

1 ｜ 1975 年，吳敏求前往美國史丹佛大學攻讀材料科學工程系碩士，滋養了他的創業魂。

2、3 ｜從小就熱愛運動的吳敏求，進了大學後，更是大展身手，無論是籃球、棒球、足球、各種田徑比賽，他都從系內打到校際賽，拿到不少獎牌。

4 ｜與當時一起回台創業的工程師們在興建中的廠房前合影。

5 ｜ 1989 年，41 歲的吳敏求（前排右三）帶領約 40 位工程師自美返台創業，照片為當年的創業團隊。

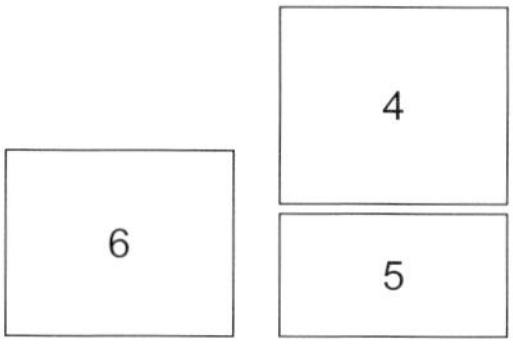

6 ｜吳敏求（後排右二）排行老大，底下有兩個弟弟與一個妹妹，自小即負起照顧弟妹之責，照片為返台創業後與家人的合照。

June 1, 1998
www.global.forbes.com
Forbes
global
BUSINESS & FINANCE
Silicon island
Investing
Why Nicholas Brady loves Latin America
Currency crises: Is Russia next?
Silver glitters
Europe's fastest-growing companies
Companies
Orix: Japanese bright spot
Tata Group's bold move into cars
Trouble at Toys "R" Us
Motorola: Get it while it's down
Miin Wu and other entrepreneurs turn Taiwan into Silicon Valley East and power the rich little island through Asia's recession.
PAGE 42

8 7

7 ｜ 1998 年 6 月，吳敏求登上《富比士》雜誌封面人物，成為台灣第一位登上此本國際商業雜誌的企業家。

8 ｜旺宏創立十年成為成長最快速的公司之一，2001 年吳敏求榮獲美國《商業週刊》的「亞洲之星」50 大企業家。

9~11 ｜旺宏成立後，由胡定華擔任董事長，吳敏求擔任總經理，負責實際營運，創造了旺宏第一個十年的榮景。照片 9 為旺宏月產量突破 5 千片的慶祝會，10 為旺宏兩週年慶及新廠開工典禮，11 為第一次股東大會。

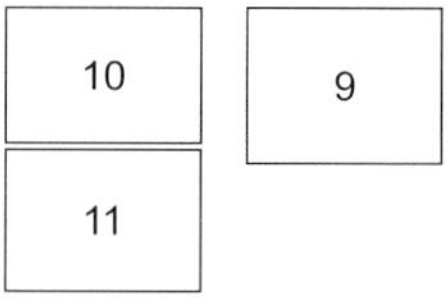

MXIC
旺宏電子二週年慶暨新廠開工典禮
MXIC 2nd-Anniversary
&
VLSI Fab Opening Ceremony
MXIC
MXIC

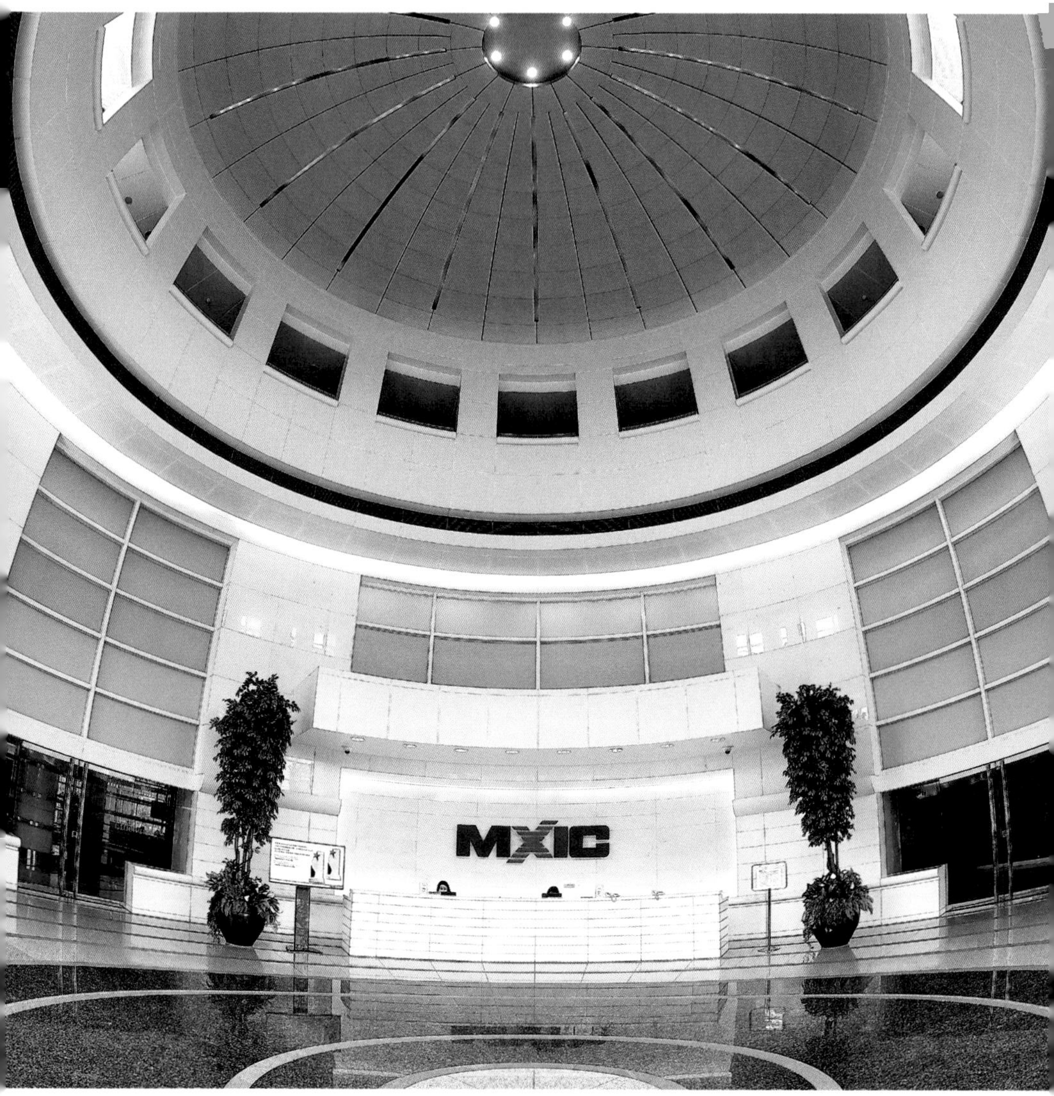
MXIC

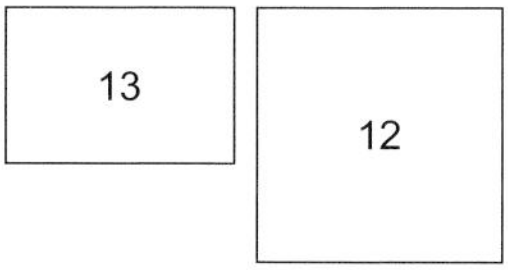

12、13 ｜旺宏總部大樓於 1999 年落成，氣勢不凡的羅馬式圓穹風格，出自吳敏求的創意與堅持，他希望員工走進公司，感受到的是舒適，而非狹窄空間。

14~16 ｜景色優美的「旺園」是旺宏認養的公園，吳敏求特地僱用專人維護，當中不僅種有千棵樹木，還有綠意盎然的生態池和多條步道，成為員工中午及傍晚最佳的休憩之處。

16 14 15

17~19 ｜旺宏總部建有竹科第一座專為員工打造的運動中心，這是吳敏求的堅持，並鼓勵員工運動，他認為適當的運動不但對員工身體好，工作上也能有好表現。

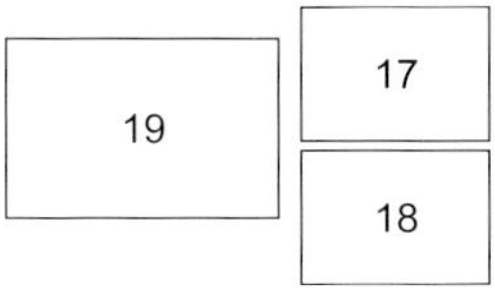

20 ｜吳敏求首開科技業週休二日制度，並打造竹科首座
五星級員工休閒運動中心。

22	21

21、22 ｜擅長邏輯思考的吳敏求大三開始走入橋牌世界，這個寧靜嗜好也成為他終生的愛好，後來甚至擔任中華橋藝協會理事長，照片 21 為 1973 年他在加拿大求學時奪得橋牌冠軍（左 1）。

23、24 ｜科技業變化快速、競爭激烈，需要極大的抗壓力，為求靜心思考，吳敏求練得一手好書法。 旺宏每年的賀年卡，吳敏求也都親自題字製作。

龍

23

24

金鼠兆吉
2020
HAPPY
NEW YEAR
30th Anniversary
福虎生豐
Happy New Year
新年快樂
牛轉乾坤
HAPPY
NEW YEAR
2021
MXIC
宏旺福年
2018
諸事大吉
HAPPY
NEW YEAR
2019

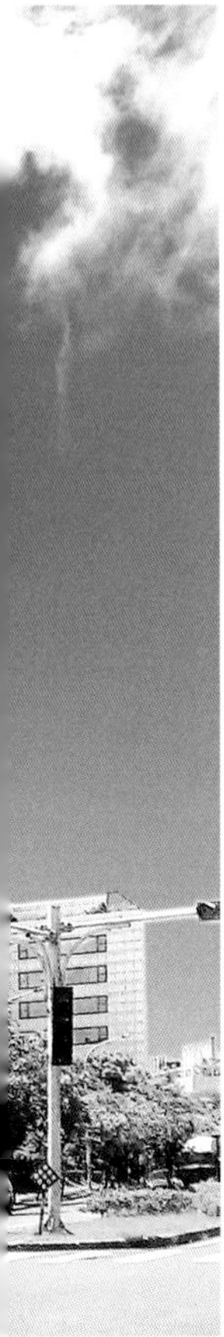

27 25 26

25 ｜吳敏求創業之初就以自有品牌為目標，極度重視研發，這個堅持也造就旺宏專利實力曾排名全球第十八名，領先台灣其他半導體公司，並成為唯一打贏國際專利官司的台灣科技公司。

26、27 ｜吳敏求洞悉市場，且策略精準，2006 年公司需要資金，他賣出 12 吋晶圓廠；2010 年他看準未來發展，向茂德買下 12 吋晶圓廠，5 年後公司轉虧為盈，並穩坐快閃記憶體龍頭。

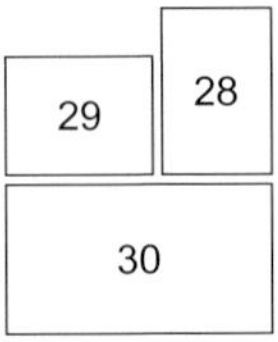

28、29 ｜ 2018 年，獲頒「安永企業家獎」年度大獎暨經營典範企業家獎，並代表台灣前往摩納哥蒙地卡羅參加「安永世界企業家大獎」。（「安永企業家獎」提供）

30 ｜ 2017 年吳敏求榮獲教育部頒發教育部社會教育貢獻獎。

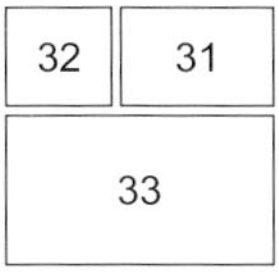

31~33 ｜吳敏求經營能力卓越，帶領旺宏成為全球第一大 NOR 型快閃記憶體公司。2011、2016、2020 年分別獲頒清華大學名譽博士（照片 31）、成功大學名譽博士（照片 32）及交通大學名譽博士（照片 33）。

36	34
	35

34~36 ｜經營有成的吳敏求對培育台灣科技人才不遺餘力，2019 年捐贈 4.2 億元給成功大學興建成功創新中心—旺宏館，照片 34 為動土典禮，照片 35 為捐贈記者會；2020 年再捐贈成大每年 1 億元創建「敏求智慧運算學院」（照片 34~36，成功大學提供）。

38	37
39	

37 ｜ 2021 年，蔡英文總統親自為新任院士授證，感謝吳敏求院士 33 年前帶大批研發人才回台灣創業。

38 ｜ 2021 年獲頒《哈佛商業評論》首屆「數位轉型鼎革獎」的數位轉型領袖獎。

39 ｜ 2021 年榮獲由《遠見》雜誌舉辦的第 19 屆遠見高峰會「終身成就獎」。

2021 哈佛商業評論
全球繁體中文版
首屆數位轉型
鼎革獎
贈獎暨分享典禮

終身成就獎
吳敏求
旺宏電子董事長暨執行長

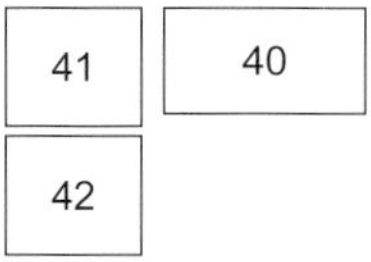

40、41 ｜吳敏求 22 年前就默默耕耘台灣科技人才的培養，設立金矽獎，鼓勵青年學子發揮創造力，李遠哲每年都出席典禮擔任頒獎人。

42 ｜吳敏求親自參觀科學獎獲獎同學作品，並仔細聆聽同學的創意。

金矽獎
2016旺宏金矽獎

43 ｜吳敏求不僅設立旺宏科學獎，還特別成立俱樂部，讓歷屆得獎者齊聚一堂，彼此切磋學習，繼續成長。

44 ｜吳敏求每年都邀請台灣不同的藝術家為金矽獎及科學獎設計獎座，並將獎座展示於旺宏總部大廳的 show room，足見其重視。

44	43

MACRONIX
R-Car
NVIDIA
MACRONIX

45 ｜旺宏電子深耕車用市場多年，成績斐然，每部新車都有旺宏的高品質晶片。

46 ｜吳敏求感謝同仁 30 餘年來共同打拚，讓旺宏成為世界級的非揮發性記憶體領導公司。

47 ｜吳敏求將時間都投入公司經營，非常感謝妻子默默的支持，照片為獲頒「安永企業家獎」時與夫人的合照。（「安永企業家獎」提供）

吳敏求傳

從零到卓越的識與謀

吳敏求 等——口述

楊倩蓉——採訪撰文

BCB765

出版者的話

吳敏求：接近滿分的奮鬥人生
——分享旺宏董事長的識與謀

高希均

（一）自律、自信、自負、自強

今年是「天下文化」四十週年。四十年來我們出版了四千餘種書，其中一個重要領域，就是分享企業家的歷練及成就，大都以傳記、回憶錄、口述歷史等方式呈現。

這些重要的企業領袖，從國外的賈伯斯、巴菲特、貝佐斯，到國內的張忠謀、郭台銘、鄭崇華等，都是「天下文化」的傳主。

《吳敏求傳》就像成功的企業家一樣，不僅擁有多項「第一」，更有不少「唯一」的榮耀。全書十萬字，精實、率真。處處顯示這位工程師的人格特質：自律、自信、自負、自強；不會只想到利潤與短期收益，更不會隨波逐流，盯住股價。他堅持人才及研發的重要。在勇猛衝刺中有過傷痕，更多時間是獨占鰲頭。他指出：「順境是失敗的開始，逆境是成功的轉機。」他邏輯思維強，自知之明也強。他說：「我人緣不好，從不應酬，樹敵也不在乎，只要客戶買我東西滿意就好。」吳敏求被認為是在台灣科技界中的獨行俠。

在楊倩蓉多次採訪者的筆下，這位充滿壯志的科技企業家，直白地分享了他傳奇般的故事：成功中有失敗，失敗後又再起。

一九八九年（三十三年前），從矽谷帶回了四十位雄心的工程師返台創業，擴大了台灣海外專業人士的返台潮。一九九八年六月，創業快十年的吳敏求，被選為美國《富比士》（*Forbes*）雜誌的封面人物。這是台灣第一位企業家獲得的國際肯定。到目前為止，旺宏已累積了八千餘件專利實力。面對來自國際大廠專利訴訟官司，堅拒和解賠償，反告對方侵權，獲得超過一億美元的巨額賠償。

旺宏今天是全球最大唯讀記憶體及ＮＯＲ型快閃記憶體供應商。從未賣出一張股票的創辦人，就是要在順境與逆境中堅定地打造旺宏成為世界一流的公司。雖然曾在二〇〇二年時，公司有過挫敗，但是「失敗」就是創造另一個顛峰的開始。

他是一個擅長解決問題的人，擁有極高超的毅力與堅持。他全部的心思投入發明、創業，很少時間設法早些發財。寧可晚上不到九點就寢，也不浪費時間去應酬。在高科技行業中，旺宏是第一個週休二日，及設置現代化員工活動中心。

（二）二十五項「自律」與旺宏領導人的對照表

古今中外有數不盡的勉勵格言。七年前以自己有限的觀察與閱讀中，整理出二十五項「自律」，供創業者及企業家，做他們自己的選擇、定位、目標及實踐（參閱拙著《翻轉白吃的午餐》P.187-191，二〇一七年天下文化）。現在稍作調整，分成五類，來與吳敏求一生的歷練做一對照。湊巧的是當年對企業提出的這二十五項「自我要求」，幾乎可與本書中的二十五章及分成五類相互呼應。這對讀者會是一個有趣的（甚至挑戰性的）練習，把書中對旺宏董事長的思維與實際作為做一個對比，就如下表所呈現：

25 項企業家的自律與吳敏求的實踐對照表

（一）避免從商的陷阱	
1. 相信「關係」，比相信「自己」更重要	讓品質說話，客戶主動找上門（P239）
2. 相信喝酒、打球這種社交，才能找到商機	堅持正派經營，禁止上酒廊談生意（P67）
3. 相信發財不能等	把目標訂到最高（P219）
4. 相信貪便宜、小聰明、偷竊技術，忘了走正路	黑白分明，有守有為（P205）
5. 相信政府的保護與補貼，忘了自己的責任	找錢，讓公司生存下來（P36）
（二）「學習」致勝	
6. 自己要摸索領悟，更要「走出去學習」	轉入高手如雲的史丹佛，確定創業路（P146）
7. 不讀書、不學習，趕不上變化	美式教育讓他重新看待學習（P148）
8. 只有靠吸收新知識與新技術，才能與時俱進	每一份工作都在為創業之路扎根（P153）

9. 個人本領有限時，更要授權	尊重是做生意的根本（P60）
10. 把自己變成組織中進步的動力	走動式管理，掌握營運細節（P100）
（三）君子企業家	
11.「誠信」是做人、「品質」是做事的基本準則	堅持高品質，才能把別人的錢搬到你的口袋（P61）
12. 有問題，自己不行，就找專家	透過國際司法，向全球宣示旺宏的技術實力（P265）
13. 自己失去工作熱情，就要急流湧退	因健康退居二線，交棒經理人（P168）
14. 人做對，業績就容易好	策略精準，成為半導體業成長最快速的公司（P53）
15. 賺錢要「爭先」，分享不能「落後」	不計公司盈虧，持續深耕台灣科學教育二十餘年（P271）
（四）經營原則	
16. 決定要做的事，就立刻啟動	電腦化加上數位轉型，成就科技台灣（P85）

17. 沒有效率，會白忙一場	超前部署，三十年前即展開數據探勘（P79）
18. 擁有「開放」心態，才能找到人才	只問問題，不給答案，重視邏輯思考力（P105）
19. 創造機會比抓住每一個細節更關鍵	靠策略找錢，創造雙贏（P48）
20.「興利」比「防弊」更迫切	做全世界沒有人做的東西（P233）
（五）策略思考	
21. 必須要做的事，要不斷想辦法做得更好	鼓勵找出更好的工作方法（P237）
22.「熟」能生「銹」，「改」能生「巧」	什麼都做，什麼都做不成（P175）
23. 出主意容易，做到才算數	單槍匹馬，力促政府通過台灣第三類股上市（P86）
24. 品質「好」比「低」價格重要，「增營收」比「控成本」重要	超級業務員，只做平等的生意（P109）
25. 做企業成功最重要的事，不做自己喜歡的事	力拚 NAND 全球第一（P295）

若說台灣今日科技發展有成，吳敏求三十三年前帶領四十位矽谷工程師回台創業的膽識，與他三十年來的成就與貢獻，是一個耀眼的紀錄，值得出書傳播。

（三）護國之道．自立之路

這位五十年前成大與史丹佛大學的畢業生，到今天一生獲獎豐碩。從台中一中及成大當選傑出校友獎，到清大、成大、交大三個著名學府的名譽博士，及國內外重要專業組織，如工研院及中華民國科技管理學會贈與院士。媒體中，二十年前美國《商業週刊》評選他為「亞洲之星」。去年，《哈佛商業評論》（中文版）頒贈「數位轉型領袖獎」給他。今年四月獲「總統創新獎」之個人獎。旺宏更是遠在二十年前，就慷慨捐款給清華大學，興建大樓及培育人才，近年更大手筆捐贈成大，除創建創新中心，更設置跨域人才培育的敏求智慧運算學院（詳細紀錄參閱附錄1）。

半世紀以來，所有這些國內外榮耀都在肯定旺宏創業的四項初心：重視研發、不斷創新、解決問題、攀登高峰。終於獲得了國際半導體產業的領導地位。

台灣的年輕一代要記住吳敏求一生的縮影：出生於大陸，成長於台灣，歷練於美國，再創業於台灣。要學會他自己奮發圖強，產品創新領先世界的抱負。我想這會是生於家國憂患之中的吳敏求最大的期望。

面對當前詭譎多變的地緣政治，台灣的未來要不受人擺布，就必須靠自己的科技實力。這是護國之道，更是自主之路。

（作者為遠見・天下文化事業群創辦人）

吳敏求傳

從零到卓越的識與謀

PART 1

創業：以小博大、借力使力

「我人緣不好，從不應酬，樹敵我也不在乎，只要客戶買我東西滿意就好。」

PART 2

養成：少年，就能一個人解決問題

「我天生有一個長處，碰到問題會自己去找辦法，這讓我跟別人不一樣。」

PART 3

谷底重生：專注，勇敢砍掉重練

「我是戰士，要死也要死在戰場上。」

PART 4

堅持創新：著眼未來，反敗為勝

「從創業第一天開始，就沒省過研發的錢。」

前言

半導體孤鷹的不凡創業路：
第一位登上《富比士》封面的台灣企業家

「有的人很會創業，有的人很會救公司，但很少人像我同時有這兩種經驗，因為這兩種經驗的行為完全不一樣，一個是從小變大，一個是從大變小。」

——吳敏求

一九九八年六月，第一位台灣企業家登上美國《富比士》（*Forbes*）雜誌封面，也成為台灣企業家邁進國際商業雜誌的先鋒，他就是旺宏電子創辦人吳敏求。

今天，台灣的半導體產業叱吒國際，吳敏求三十多年來的播種與耕耘，可說功不可沒。一九八九年，台灣半導體產業剛開始萌芽。年僅四十出頭的吳敏求，在美國知名半導體公司工作多年，決定帶領四十位留美工程師返台創業。他不僅帶回美國半導體業各領域的專才，更大量培養本土人才，現今各大半導體公司的高階主管，很多都出自旺宏。

白手起家，創造多項世界第一

相較於其他半導體公司以代工或是專工為主，吳敏求是台灣第一個堅持走自有技術及產品、打造自有品牌的公司；他帶領旺宏成為全球最大的非揮發性記憶體公司，多年來研發的專利實力，不僅排名全球第十八，更領先台灣其他半導體公司。

白手起家，沒有財團背景，吳敏求來自一個普通教職家庭。創業時不靠工研院的技術轉移，在需要巨額資金的半導體領域裡，他自己找錢、找人、研發技術，不僅成為任天堂最大的零件供應商，也在公司成立的第一個十年，成為全球成長最快速的半導體企業。因此登上《富比士》雜誌封面；二〇〇一年，更獲美國《商業週刊》（*Business Week*）評選為「亞洲之星」（Stars of Asia）的50大企業家。

他也是全球企業將電腦控制引進半導體製程中的第一人，這項創舉讓旺宏產品品質領先同業；相繼導入的ＡＩ及大數據分析，更在良率上維持高度競爭力。後來這套數位化系統隨著旺宏培育的人才，帶到其他高科技產業，間接提升生產力及技術。電腦化加上數位轉型，是吳敏求對台灣科技業的一大貢獻。

三十年前，不少台灣科技業者縱使有技術，也因資金短缺，不易擴大，甚至陷入經營不善局面。吳敏求親訪政府相關單位，力薦第三類股上市對科技業發展的重要性，旺宏也成為台灣第一家以第三類股上市的企業。自此，台灣科技業可以到國際募資，吸引更多外資入台；科技業有了充足的金援後，就能持續壯大，造就台灣半導體今日的榮景。

創業第一天就堅持自主研發

這幾年最令人矚目的是，旺宏是台灣第一家在美國ＩＴＣ（美國國際貿易委員會）告贏的科技公司，也是台灣唯一贏得國際專利官司的半導體大廠。創業第一天就堅持自行研發的吳敏求，多年來已累積八千餘項專利。他在面對來自國際半導體大廠的專利訴訟官司上，堅拒和解賠償，選擇正面迎戰。甚至反過來控告對方侵權，一狀告到美國ＩＴＣ，讓飛索半導體（Spansion）及日本東芝兩家大廠共計付出超過一億美元的巨額和解金。不僅讓世界看到台灣的專利實力，也讓國際大廠若想動旺宏腦筋，都得三思。

在半導體產業素有鐵漢之稱的吳敏求，不斷創下許多令人驚嘆的紀錄，這些紀錄背後是他很重要的堅持：台灣要創造自己的價值。

他堅持談生意要談價值，而不是談價格，他勇敢拒絕蘋果的大量訂單，認為承認旺宏價值的客戶，才能一起走長遠的合作道路；他積極培養下一代優秀的科技人才，引進最好的國際師資，提供優渥的獎學金，啟發他們的科學創造力，因為台灣需要的是能創造新價值的人才，而不只是代工的人力。

他的堅持，讓他走在半導體產業這條路上十分孤單，但也讓他歷經過兩次公司虧損，卻都能谷底重生。被半導體同業視為獨行俠的吳敏求，三十多年的商場風雨之路，就像一隻孤獨翱翔在天際的老鷹，眼光看得遠，目標設定精準。

與旺宏合作長達三十年的任天堂研發團隊最高領導者、同時也是風靡全球遊戲機 Wii 的發明人及 Switch 的研發帶領者竹田玄洋先生，一直與旺宏電子保持非常緊密的互動，對旺宏電子的記憶體技術發展演進非常了解。他不僅表示旺宏是非常值得信賴的夥伴，也對吳敏求的領導風格印象深刻，他說：「台灣不少公司似乎都需要一邊仰賴政府與財團的支援，一邊成長，Miin（吳敏求的英文名）是在民間企業領袖中，具有值得信賴這項成功不可或缺的個人特質。」

這本書中分享了吳敏求在堅持價值的這條路上，曾碰到哪些難題，他如何以經營智慧聰明解題，一一突破困境，贏得最終的正義與成果。

Part 1

創業：以小博大、借力使力

「我人緣不好，從不應酬，樹敵我也不在乎，
只要客戶買我東西滿意就好。」——吳敏求

Chapter 1

出矽谷記：

帶領矽谷工程師返台創業，首開海外專業人士返台潮

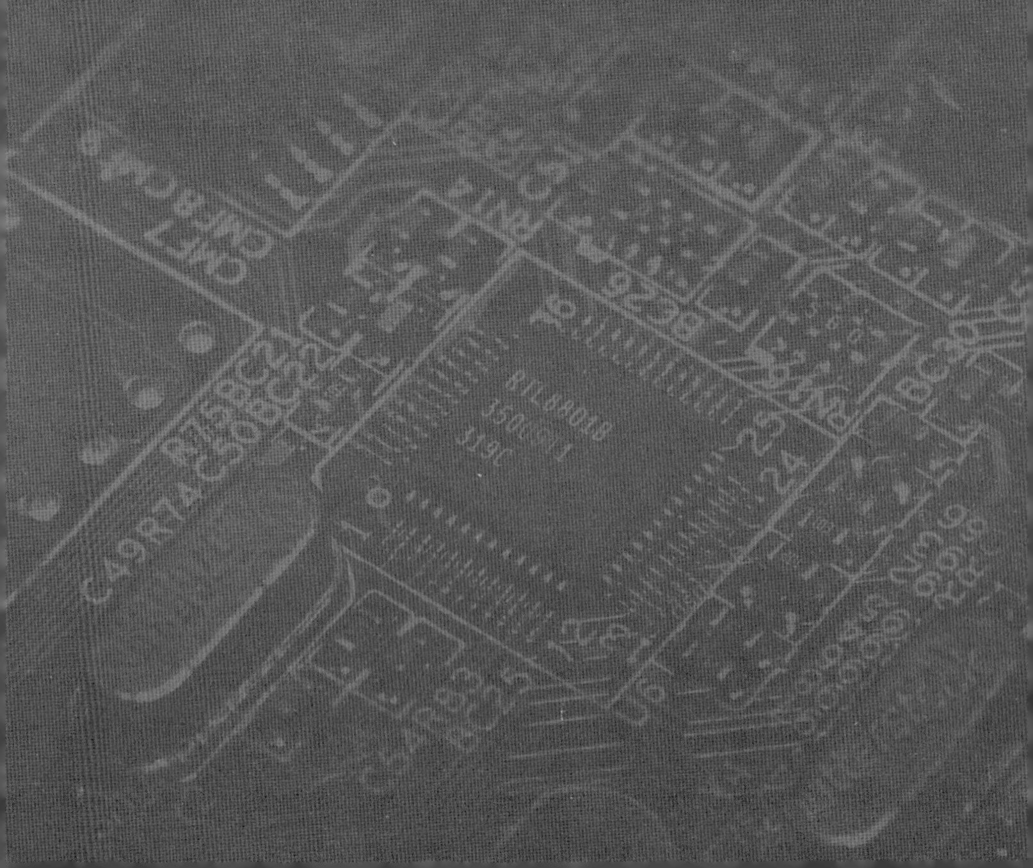

畢業於成功大學電機系、在美國史丹佛大學拿到材料科學工程碩士的吳敏求，曾經先後任職於矽尼克斯（Siliconix）、洛克威爾（Rockwell）、英特爾（Intel），及偉矽（VLSI）等國際知名半導體企業。一九八九年冬天，當這位來自台灣的資深工程師，決定帶領四十位留美工程師返台創業時，震驚了美國科技界。

當時，美國舊金山灣區當地媒體《聖荷西信使新聞報》（*San Jose Mercury News*）大篇幅報導了這場規模驚人的華人返鄉「出矽谷記」，稱這群工程師為「人才回流」（Reverse Brain Drain），分析了這批台灣腦從美國回到台灣的背景，美國哥倫比亞廣播公司（CBS）甚至指派「六十分鐘」節目製作小組專程來台，前往新竹科學園區進行採訪。

為什麼美國科技業會如此重視？當時的矽谷已經是半導體重鎮，不僅有宜人的氣候，還有知名的半導體學府，吸引來自全球各地的人前往留學與就業，甚至舉家遷入，為什麼還有一群已經在當地生根的華人工程師要回流故鄉？

尤其是這些返鄉的台灣工程師，都是在美國工作多年、擁有半導體相關技術、人脈與豐富經驗的專業人才，理應好好待在美國發展，貢獻專業，卻決定回國，複製美國經驗，在台灣另創一片天地。

美國科技業因此開始反思，華人工程師在美國的薪資待遇與升遷困境，無形中提升了日後華人工程師在美升遷的機會與薪資。當時美國半導體業常開玩笑說，所謂ＩＣ，就是India and Chinese，或是Israel and Chinese。換句話說，早期在半導體領域裡，多半都是印度人、華人及以色列人擔任工程師，美國人的熱門職業則是律師與醫師等較高收入的行業，工程師收入較低，自然不在他們考慮之列。

華人工程師在美國薪資與升遷管道，相較於美國人，甚至印度人，都較低，主因是英語非母語的關係。吳敏求在美國英特爾擔任製程開發工程師時，也曾碰過升遷天花板，他曾與另一位印度人爭選主管位置，最後印度人出線，主管給他的理由是，印度人的英語較好，這讓他更堅定要走創業之路，他也因此成為英特爾第一位出來創業的華人企業家。

史丹佛激發創業魂

事實上，吳敏求在史丹佛念書時，就開始萌生創業念頭。或許應該說，在史丹佛念書的學生，有創業念頭是再自然不過的事情。一九七五年，前往美國史丹佛念材料科學工程系碩士的吳敏求發現，校園創業氣氛濃厚，師生一起創業成功的例子比比皆是。例如，惠普（HP）就是由史丹佛教授與學生一起創立的公司，其他如雅虎及Google的創辦人都是史丹佛出身，而矽谷更是聚集美國最多創業家的地方，也是世界半導體工業的發源地之一，史丹佛大學更是全球第一個在校園內成立科技產業園區的大學，大力鼓勵學生創業。

一九八四年，吳敏求在美國半導體公司工作多年後，開始走向創業一途。他首先在美國與友人一起成立一家小公司，主要做技術移轉。然而，對於像他這樣一位沒背景、沒資源、只有專業技術的華人工程師，想要在美國創業並非易事，尤其他想走的是半導體製造，無論是在人才、設備、技術上，都需要投入巨額資金，美國半導體產業早期是由創投支援財力，日本半導體產業則是政府協助大財團發展，個人創業者若想要獲得巨額資金投入，找創投是一個管道。

然而，即使在當時創業風氣極盛的矽谷，由於半導體製造需要投入的資金過於龐大，從巨額的研發經費到購買昂貴的設備，加上蓋廠又耗時許久，連當地創投也不願意再投資半導體製造業，畢竟半導體製造業的資本大、風險高，投資報酬率低。更何況，當時美國半導體業已經逐漸從重資產轉型為輕資產，從垂直經營轉型為無需蓋晶圓廠的晶片設計與研發，而將生產製造及封裝測試等需要建廠的重資產外包給其他國家，創投也只願意投資在IC設計及系統設計上，因此，堅持垂直經營模式，從研發、設計、製造都建立自有品牌的吳敏求，決定返台創業。

一份創業計畫，深獲創投支持

一九八〇年代，正是台灣半導體開始萌芽之際，當時聯電與台積電都已相繼成立，新竹科學園區剛開始啟用，被譽為「台灣科技教父」的李國鼎，也曾多次前往矽谷招攬華人工程師及科學家返鄉發展。

然而，沒有任何政治與家庭背景、出身普通教職家庭的吳敏求，又是如何展開半導體創業這條艱難的路？他決定找創投公司，這是因為美國創投雖然不願意投資美國半導體製造業，但是當時台灣半導體業才剛萌芽，對創投的吸引力較大，當時他擬了一個投資計畫案，計畫召集一個團隊，返台成立半導體公司。他將這個投資計畫案投遞到當時剛成立不久的漢鼎亞太創投公司，漢鼎亞太是由徐大麟創立，創辦初期做為美國投資銀行Hambrecht & Quist的分屬機構，當時是亞洲第一家美式風險投資公司，徐大麟時任董事長，總經理則由剛離開工研院的胡定華擔任。

吳敏求寫的計畫案當時送到了胡定華手上，強調他創立旺宏的主要目的是做自己的產品，希望在台灣建立產品觀念，而非傳統代工。這項計畫立刻受到重視，做為台灣ＩＣ的先鋒者，胡定華過去在工研院主導過許多以生產為導向的企業，他非常認同吳敏求想擺脫傳統代工模式，而且吳敏求擁有非常優秀的非揮發性記憶體技術，於是他親自飛往美國與吳敏求及其團隊見面，敲定了此案。

雙方見面經過評估後，認為旺宏可以鎖定可攜式的產品，因為這是未來市場主流產品，其中可攜式產品因為靠電池供電，容易有電力中斷問題，而非揮發性記憶體的特性在於即使電流中斷，所儲存的資料也不會消失，是重要的關鍵技術，因此胡定華決定幫助吳敏求藉由非揮發性記憶體優勢，進軍SoC（系統單晶片，將數顆ＩＣ的功能整合到一顆ＩＣ裡），做為長期發展目標，並由他幫忙籌措資金，尋找資金充裕的潛力投資者，再由吳敏求一一與這些投資者面談，最後成功募集到八億元的創業資金，成立了旺宏。

嶄露領導者風範，引吸矽谷人才追隨

募得創業資金後，吳敏求開始遊說在矽谷的留美工程師返台，加入剛成立的旺宏電子。旺宏成立之初，有兩位創辦人，一位是吳敏求，另一位是他過去共事的工作夥伴高榮智，也就是後來成立雷凌科技的董事長。高榮智當時負責找邏輯設計相關領域的工程師，再由吳敏求負責面試。一開始找人並不容易，畢竟美國生活條件較台灣優渥，這些華人工程師在矽谷也都小有基礎，要說服他們放棄美國事業，舉家返台，並不是一件容易的事。

吳敏求先從說服自己的同事開始，再由同事去說服他們的大學同學與同事，達到擴散效應。當時，他拋出一個很大的誘因，除了告訴他們台灣已經有足夠條件發展半導體產業外，還提出技術股分享的條件。由於在台灣成立公司，創辦人通常持有技術股，擁有許多技術股的吳敏求決定分享出來，讓大家都持有股份，希望激勵大家一起打拚事業，這個舉措，在當時的確打動了一些人。

現任旺宏資深副總經理暨行銷長的游敦行，就是當初跟著他一起回台打拚的四十位工程師之一。美國加州大學柏克萊分校電機工程碩士畢業的他，原本已經是一家ＩＣ設計公司的老闆，公司雖然營運得有聲有色，但長遠來看，無論是人脈或資金，發展還是受限，因此他決定回台加入旺宏。其他隨著吳敏求回台的工程師，還包括前雷凌科技的董事長高榮智和晶兆創新的董事長彭介平。

識人精準，有勇有謀

雖然創業亟需人才，尤其吳敏求廣招半導體各領域專才一起加入，但是他在選才上，也有自己的用人哲學，並不是別人推薦，就一定任用。例如，當時有一位在美國知名貝爾實驗室工作的工程師表示想加入返台行列，吳敏求問他：「你做過幾個chip（晶片）？」對方回答一個數字，於是吳敏求再問他：「這些晶片有哪幾個已經上市？」答案是一個都沒有，因此吳敏求最後沒有錄用他。在他看來，或許對方很擅長設計，但卻無法完成上市的最後一哩路，就不是他所需要的人才。

另一方面，吳敏求也請胡定華到美國一起協助招聘，主要原因是，他留美多年，對台灣創業環境不熟悉，由胡定華出面與這些有意返台工作的工程師一起吃飯，可以幫助他們了解台灣的創業現況。在矽谷的一場說明會上，當胡定華指出，旺宏未來將朝自有技術與產品發展時，當場鼓舞了許多台灣工程師的雄心，很多人都是因為聽到「發展自有產品」決定加入返台行列。美國薪資雖然優渥，但是對於有雄心抱負，又有技術的工程師而言，與其寄人籬下，不如回台，用自己的專業闖出一片天地。

不過，由於吳敏求在當時只是一位籍籍無名的留美工程師，也無身家背景，投資者相信的是業界中極具人望的胡定華，對於吳敏求帶領的四十位年輕留美工程師所組成的經營團隊並沒有信心，擔心萬一投資的錢被這群年輕人給騙走了怎麼辦？因此，委託胡定華擔任旺宏的董事長，監察公司營運，吳敏求則擔任總經理，負責實際營運。

一九八九年八月，有了初步的八億三百萬元創業資金與創業團隊，當時準備先隻身返台創業、打點一切的吳敏求，以孤注一擲的心情對妻子說：「如果沒做成，我一輩子都翻不了身。」因為公司借了巨額金錢，而他是唯一的保證人，萬一失敗，等於是揹下一身巨債，不過，這也激起他高昂的創業鬥志，打算返台全力一搏，這一年，他四十一歲。

Chapter 2

槓桿效應：

小公司如何找到必勝切口，獲得任天堂大客戶

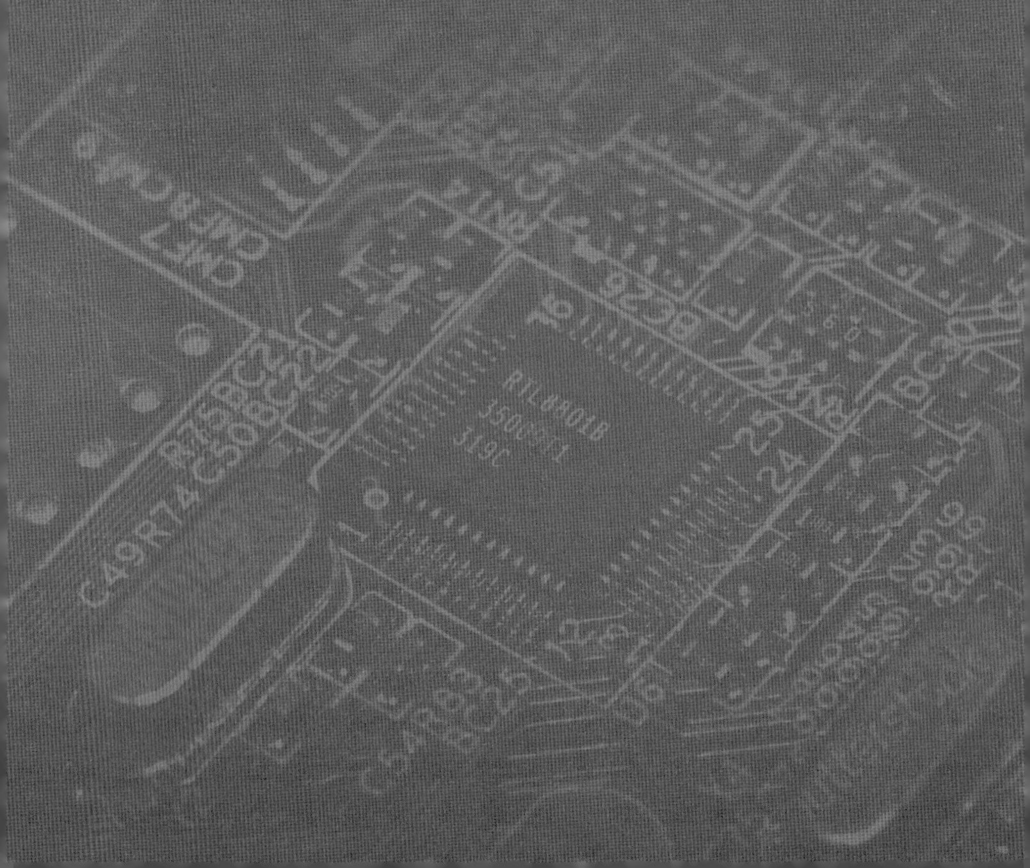

旺宏是從向新竹科學園區裡一家名為立衛科技公司，租借兩個辦公桌開始起家的。當時立衛科技也才成立一年，是台灣第一家積體電路專業測試廠。吳敏求還沒回台創業前，曾經協助他們成立公司，因緣際會認識，返台後，便從這兩張租來的辦公桌開始創業。

今天大家看到的新竹科學園區，不僅規畫完善，交通便利，還有免費的巡迴公車可搭，不過，三十幾年前的竹科，不僅設備與資源缺乏，更沒有便利的交通車往返，甚至出入都有交通管制，也因此，創業前半年，吳敏求都是靠自己的一雙腿，每天走路到園區上班。

在立衛科技待了幾個月，他忙著向管理局申請文件，每天馬不停蹄奔走各方，公司計畫文件申請通過後，管理局撥給他一間公寓租用，他就搬到園區提供的一間十幾坪公寓裡，初期就與本地招募來的工程師，圍著一張大桌子站著上班，窮得連一張椅子都沒有，晚上，他就睡在公司裡。

返台後就忙著找地、找人設計、蓋廠房的吳敏求，隨著二十八個留美工程師家庭返台，他很快就面臨搬家及居住問題。為了讓這些返台工程師一落地就能迅速投入工作，不必為生活瑣事煩心，旺宏負起了所有家庭的搬家事宜，雖然是越洋搬運的大工程，不過留美多年的吳敏求，看過大型搬家公司越洋搬運，在他的指示下公司的採購部門穩妥的完成這項任務。

然而真正麻煩的是，這些家庭的居住問題，所幸吳敏求思緒清明，先幫員工租好公寓，分妥單身與有眷屬的家庭之後，再幫忙找適合的房子，待公司上軌道，就立即興建員工宿舍。

找錢，讓公司生存下來

搬遷及找房都不是大事，公司成立之後，第一個面臨的問題就是錢不夠。當時投資旺宏的公司都是本土企業，旺宏第一次募得的資金共八億三百萬元，對一般創業者來說是巨款，但對於想做半導體製造的吳敏求而言，他既要做設計，也要蓋晶圓廠，然而，光是蓋一座一萬片產能的晶圓廠，就需要二十億元，八億元實在是杯水車薪，只能蓋三分之一的

6吋廠。

另一方面，吳敏求堅持創業就是要擁有自己的產品與品牌，而非為他人代工。當時台灣的半導體業者，相繼做專業代工，每一家公司背後都有一個國際大型的半導體公司支持，透過取得國際大廠技術授權方式來代工生產，每年還得支付龐大的技術授權費給母廠。這種過度依賴歐美日技術授權的發展模式，不但缺乏自主性，若沒有建立起自己的核心技術，可說是危機四伏。由於技術、設計到產品都是向母廠購買，如果母廠倒閉，代工廠就會跟著倒閉，台灣早期DRAM公司後來為什麼會變成「慘」業，就是因為母廠倒閉的緣故。即使母廠穩定，但是高科技技術日新月異，代工廠購買技術幾年後，就必須再購買新技術，而且很容易被取代。

在吳敏求看來，若要長期從事半導體這個行業，就一定要走自主研發，只有擁有自有產品及技術才能走得長久。由於他返台創業的目的就是想做SoC（系統單晶片），他的眼光看得很遠，很早就提出SoC未來將成為半導體的主流。SoC當時在美國也是新觀念，他因為長期在美國主流半導體公司工作，深知主流公司接下來的發展就是要做SoC。

但是做 SoC，有很多技術必須靠自己開發，尤其當時台灣根本沒有這方面的人才，所以，他就在美國招募各領域的相關技術人才，一起返台開發。當中包括了非揮發性記憶體（Non-Volatile Memory）的技術人才，因為 SoC 裡需要 Non-Volatile Memory，但是開發 SoC 技術需要時間，更需要投入大量資金，如果這段期間產品還沒有出來，錢就用完了該怎麼辦？

吳敏求創業碰到的第一個難題，就是苦思到底要如何讓公司生存下來？

雖然他想投入先進製程，就像美國新創公司永遠走在最前面，別人還沒做的，他們已經開始做，雖然十個僅有兩到三個成功，但是獲得的回報卻非常大，所以創投願意賭這些做先進產品的新創公司。但吳敏求是在台灣創業，他不能這樣賭，如果沒有客戶，其他也不必談了。所以，他決定公司一開始就要能生存，也就是公司要長期存活，一定要先獲利，有了錢，他才可以做研發，才能養得起員工。

問題是，客戶在哪裡？誰願意理會一個毫無名氣的新創公司？如果去跟大廠競爭，旺宏一定打不過。

洞察國際局勢，找到必勝切口

吳敏求採取的方式是借力使力，事實上，這也是旺宏創業第一個十年最主要的策略，對於一個手上沒有任何資源的小公司而言，唯有借力使力，才能以小博大，讓自己生存下來。

由於當時唯讀記憶體（Read-only Memory，簡稱 ROM）市場大好，正好 NOR 型快閃記憶體又是吳敏求的專長，所以他決定先做 ROM，找到客戶，讓自己先活下來再說。當時旺宏有一個潛力客戶，叫做任天堂。任天堂是日本知名的電子遊戲開發商，在當時主要以實體卡匣來銷售，而 ROM 唯讀的特性，加上容易整合的性能，十分適合遊戲卡匣，任天堂因此需要大量 ROM 記憶體元件。

問題是，任天堂是一家位在關西非常保守的日本公司，從來不跟外國公司購買產品，只接受日本公司的產品，而旺宏只是一個剛成立的公司，又是外國公司，憑什麼拿下任天堂這個大客戶的訂單，成為日後主要的供應商？

長於謀略的吳敏求，找到了一個必勝的切口。

一九八〇年代，他在美國工作時，見證了美日貿易逆差戰。當時美國與日本在競逐動態記憶體之爭中，日本取代美國，成為全球第一大半導體生產大國，美國半導體產業因此被打得很慘。由於日本公司只買自己國內的產品，不採購美國產品，於是一九八五年，美國半導體產業協會向美國政府抱怨，必須採取策略，以防止日本低價傾銷美國，並且提高美國產品在日本半導體市場的比例。

於是美國政府開始和日本政府進行貿易談判，並於一九九一年簽署了新半導體協定，訂立了二〇%的原則，也就是日本半導體業者要到美國做生意，就必須開放日本市場，而且至少進口二〇%以上的國外半導體產品。

吳敏求看準局勢，抓住了這個機會，那時雖然他已經返台創業，但早在一九八四年，他就在美國成立了一個小公司，叫做 Macronix.Inc.。為了跟任天堂做生意，他透過這家公司加入美國半導體產業協會（SIA），也因此列入美國的二〇%原則中。

當時，美國已經不做 ROM，全美只有他這家公司製造唯讀記憶體，是唯一的供應商，其他都是日韓公司。而根據美日半導體協定，任天堂必須購買美國半導體產品，吳敏求於是以美國 SIA 成員身分跟任天堂洽談，加上又是唯一賣唯讀記憶體的美國公司，任天堂也就非跟他買不可。

策略加上努力，讓任天堂成為最大客戶

但另一方面，Macronix.Inc. 打的雖然是美國品牌，卻沒有自己的工廠，也沒有自己的產品，要如何賣給任天堂？吳敏求於是到日韓去找供應鏈。當時日韓能供應的廠商很多，但旺宏找了兩家幫忙做 ROM，一家是日本的旭化成半導體公司（Asahi kasei），另一家則是韓國三星，他跟旭化成及三星購買產品，然後將這些產品都打上 MXIC 旺宏的商標，轉賣給任天堂。

這其中還發生了一個插曲，當時三星也想賺任天堂的錢，企圖繞過旺宏，直接跟任天堂洽談，表示旺宏賣給他們的產品是來自三星，建議任天堂可以直接跟他們購買，不需要

透過旺宏，但因為不是美國產品，三星只好鎩羽而歸。

正是透過這種借力使力的方式，不僅讓旺宏有了客戶，也從中賺取了五%的利潤，雖然獲利不高，但是公司開始有了營業額，讓吳敏求可以養活台灣的工程師，也有事可以做，產品與測試都可以開始運轉。就這樣任天堂從一開始買五千個成品，到後來逐漸成為旺宏最大的客戶，甚至是任天堂最大的供應商。

也因為一開始就爭取到任天堂這樣的大客戶，旺宏創業的第一個十年，每年五〇%的利潤幾乎都是來自任天堂，如今，占比雖然有下降，但旺宏的第一大客戶仍是任天堂。

Chapter 3

能力變籌碼：

從任天堂到台積電，為什麼他們都願意合作

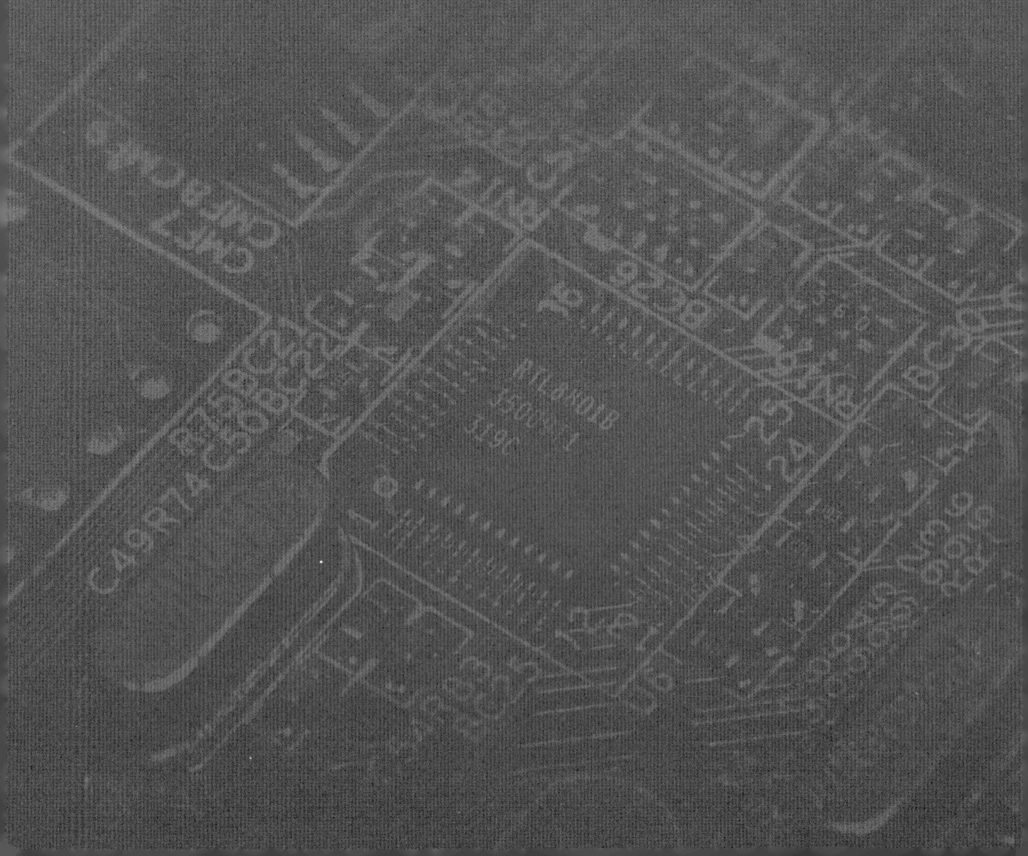

有了任天堂這個客戶，旺宏的第一步，總算站穩了。接下來，吳敏求打算做產品開發，希望從研發、製造到銷售，逐步建立一個擁有自己技術與產品的全系列公司，也就是整合元件製造公司（IDM）。

旺宏剛開始做唯讀記憶體，是為了求生存而做，因為要供應給任天堂，而吳敏求自己看準SoC會是未來趨勢，因為輕薄短小又省電，所以開始自己研發產品後，他首先做的就是非揮發性記憶體，其中，快閃記憶體的自動更新功能，除了記憶之外，過程中也可以隨時寫入或擦掉，會是未來SoC中最重要的記憶體。

天生談判高手，看準價值所在

做記憶體整合的產品，需要蓋一座工廠，然而，蓋一座6吋晶圓廠，錢還是不夠，即使後來再向股東募資二十四億元，但從IC設計、製程開發到晶圓製造，都需要額外經費，吳敏求不想再跟股東要錢，打算自己找錢，這時他又想到另一個借力使力的方法。

當時因為日本半導體業超越美國，是世界第一大半導體國家，日本很多傳統產業，包括鋼鐵業，也都想加入半導體業，其中日本鋼管公司（NKK）也想建半導體工廠，但因為從來沒有做過，需要專業的技術才能生產。

吳敏求曾經任職多家美國知名半導體公司，經驗豐富，對半導體產品的製程，從研發、生產、設計到銷售都非常嫻熟，尤其在非揮發性記憶體做了十幾年，能力非常強，在偉矽及後來與友人在美國創立的一家小公司，都曾移轉技術給當時的日本半導體公司，也就是日本事務機大廠理光（Ricoh）旗下的半導體子公司，以及夏普的子公司，因此認識了一些在日本半導體界的朋友。

當日本鋼管想成立半導體事業部時，一位日本朋友就將吳敏求介紹給他們，雖然當時旺宏還沒有自己的產品，但吳敏求有豐富的工作經驗與先進技術，在業界也累積了一些知名度，可以授權罩幕式唯讀記憶體（MASK ROM）的技術給日本鋼管。吳敏求甚至親自飛到大阪去談技術移轉。出發前，他與公司內部幾位副總商討，該出價多少授權費，每個人都說應該出價一百萬美元，只有吳敏求說六百萬美元，當時大家都覺得他瘋了。

一九九〇年十二月，旺宏與日本鋼管確定合作開發MASK ROM產品，並對其技術移轉，簽約金額是五百萬美元。原本大家認為只能出價一百萬美元，為什麼最後可以五百萬美元成交？因為膽識與謀略兼具的吳敏求是天生的談判高手。

當時吳敏求帶著研發副總飛到大阪，並且講好開價六百萬美元，談判時，日本人沒有讓主將先上場，而是先請底下的主管代表進行談判，結果旺宏這位隨行的研發副總上台後，不敢寫下六百萬美元的天價，改寫五百萬美元，日方不僅嚇了一大跳，還質問吳敏求，為什麼會是這個價錢？吳敏求立刻在黑板上算給他們看，每一樣專利需要多少產品，然後設計、光罩、測試等等各需要多少錢，加總起來，一共需要五、六個產品，每個產品算出來約需一百多萬美元，乘上五到六個產品，絕對超過五百萬美元，出價五百萬美元還算是便宜他們，如果是他們自己做，一定會花更多錢。更何況，他還得先要有錢去投資，才能把這些產品做出來，如果他們不給錢，他怎麼有能力去做？五百萬美元已經是折扣，至少不致讓他吃虧。結果，日方聽到他會虧得很慘，就不再跟他爭辯價錢，二話不說，以五百萬美元成交。

為什麼吳敏求膽敢出這個價錢？這個談判其實深具技巧，因為吳敏求知道：「對我簡單的東西，不代表對對方簡單。」其他副總出價一百萬美元，是因為只站在自己的角度看這件事，他們了解這項技術，認為大概就值這個價錢。但是對於日本ＮＫＫ來說，他們從來沒有接觸過半導體業，這個技術對他們來說並不簡單，吳敏求不認為應該便宜賣給他們，更何況旺宏幫他們做這個產品，還得先花錢驗證過一次，當然不能虧錢做。

靠策略找錢，創造雙贏

由於合作的第一個產品很成功，後來日本ＮＫＫ又來跟旺宏尋求 Flash 的技術轉移，兩次產品技術移轉加起來，旺宏總共從日本ＮＫＫ收取了一千六百萬美元，成為旺宏研發與設計經費的來源。

當時，他一方面向日韓購買產品，打上旺宏標籤，賣給任天堂，在旺宏的6吋晶圓廠還沒蓋起來之前，先將所設計的產品，請別人代工生產，晶圓廠蓋好後，再把委外代工的產品收回，開始自己生產，並將NKK的獲利，全數用在產品研發上。等於旺宏成立的前兩、三年，所有的研發經費都靠日本NKK提供，股東給他的錢，他則全數拿來蓋廠，工廠以外的經費，他全靠自己想辦法找錢，沒有跟股東拿任何一毛錢。

與日本NKK合作的過程中，吳敏求再度發揮借力使力的功力。當時因為技術移轉的關係，日方希望派員工前來旺宏學習蓋廠的技術，詢問是否可以免費訓練，吳敏求一口答應，不收任何訓練費用，但是，他讓來台的日本員工學習的第一件事，就是請他們繪圖。

那時，他帶領這一百多位日本工程師去正在建造的晶圓一廠參觀，告訴他們要蓋半導體廠，第一個就要先畫圖，從電力圖、水管圖，全部都讓日本員工繪圖，畫完圖之後再到工廠去學習。因為吳敏求深知，日本人做事向來有紀律、又認真，畫圖的品質又好，所以旺宏晶圓一廠的圖全都是日本人畫出來的。好處是，日本人畫完圖之後，也學會如何蓋廠，而對於旺宏來說，也省了一筆找人畫圖的錢，何況畫得也不見得比日本人好，等於創造了雙贏。

隨著供貨給任天堂愈來愈多，旺宏的營業額也愈做愈大，加上技術轉移給日本NKK收取了一千六百萬美元的研發費用，6吋廠落成後，一開始一個月只能生產一萬片的產能，無法達到經濟規模，因此他想添購昂貴的機器設備，擴充產能，但又沒有足夠的資金，怎麼辦？而他深知從蓋一座新廠到開發製程，找到客戶，至少需要三到五年，這期間沒有收入，將處於虧損狀態，這時，吳敏求想到了台積電。

看準需求，讓台積電也點頭合作

當時台積電正積極擴廠，於是他主動打電話給台積電當時的總經理唐納德．布魯克斯（Donald Brooks，曾任美國德州儀器副總裁），表示旺宏有一個企劃案，可以讓他們不虧錢，又能解決產能問題，不知他們有沒有興趣？

吳敏求告訴唐納德．布魯克斯，旺宏的6吋廠還有空間，可以幫台積電做產品，但旺宏沒錢買機器設備，建議由台積電出錢買設備給旺宏，旺宏則用台積電買的機器設備幫他們做產品，提供一萬片的產能。換言之，旺宏可以提供廠房、操作員幫台積電生產產品；而還在蓋新廠的台積電，則提供機器設備讓旺宏幫台積電生產，製程與客戶都是台積電的，等到三年後，台積電的廠房蓋好，再把整個事業搬回新廠自己做，正好可以無縫接軌。而這三年，台積電必須付旺宏生產費，旺宏賺了錢再還給台積電機器設備折舊費，三年後，設備全部歸旺宏，旺宏有了台積電添購的設備，就可以去增加產能，這又是吳敏求想到借力使力的雙贏策略，台積電董事會也認為這是一項好生意，於是同意這項合作，一九九三年，雙方便簽訂合作生產契約。

台積電從來沒有出錢給任何一個廠商，旺宏是第一個。三年合作結束後，台積電回歸其新廠房，留下機器設備，旺宏因此得以增加產能，從原先一萬片的月產能，增加到每月可以創造兩萬片的產能。

以專利抵押，獲得任天堂資金挹注

有了與台積電成功的合作經驗後，吳敏求還想繼續擴充產能，但依舊需要再覓得一筆昂貴資金增添機器設備，這時他想到了旺宏的大客戶任天堂，彼此合作好幾年，已建立了一定的信任基礎。吳敏求深諳日本人最重視信任關係，這個信任除了來自供應商是否準時交貨，提供足夠的產品之外，還包括合作廠商也必須賺錢，彼此才能走得長遠，所以旺宏要在技術上力求精進，任天堂一定也很樂觀其成。

當時任天堂因為遊戲產品大賣，銀行現金滿滿，吳敏求因而直接詢問任天堂，是否可以借錢給旺宏購買設備，擴充產能；畢竟任天堂生意愈好，就愈需要旺宏提供更多元件，自然也需要旺宏增加產能。

談判很順利，但這是任天堂第一次借錢給別人，為了保證借出去的錢不會血本無歸，旺宏不僅提供多項專利做抵押，支付的利息也不亞於銀行，讓任天堂可以安心，即使失敗，不僅可以拿回借款，還有專利。但任天堂也必須保證一萬片的產能需求，讓旺宏有足夠的量去做ＲＯＭ。

三年後，旺宏賺了錢，不僅連本帶利還給任天堂，將專利收回來，生意也愈做愈大，機器設備更歸旺宏所有。旺宏也因此從原先一萬片的月產能，加上幫台積電生產的一萬片和向任天堂借錢增產的一萬片，達到三萬片的月產能。

策略精準，成為半導體業成長最快的公司

事實上，旺宏從創業第二年就開始賺錢，當中全靠吳敏求用借力使力的方式找錢擴充產能。他在做生意上，有非常厲害的判斷力，這種敏銳的邏輯思維讓他能夠從自己的需要出發，找到別人的需求，再透過合理的生意方式，做到皆大歡喜，讓旺宏快速成長。從台積電到任天堂，旺宏完全不需要出錢添購機器設備，在自己工廠生產產品賣給對方，獲得報酬後，再還錢給對方，還清債務，機器設備也全部歸旺宏，讓公司可以繼續擴充產能。

一九九六年，成立不過七年的旺宏，年營業額正式突破了一百億元，而且旺宏第一個

十年，每年營業額都保持正成長，不僅是當時台灣唯一每年都成長的半導體公司，非揮發性記憶體也名列全球前十大，被視為全球半導體成長最快速的公司之一。

Chapter 4

談判，從利他開始：

先想客戶可以得到什麼好處，
再提供你的價值

旺宏的第一個十年，從零開始，到了二〇〇〇年，年營業額已高達十億美元。這十年間，除了最早兩次向股東募錢，一次是八億元，另一次是增資二十四億元，全數都用來蓋廠，其他經費完全靠吳敏求以借力使力的方式，到處找錢、找客戶，想辦法獲利養活各部門，讓公司能持續開發產品，再擴充產能。

他的創業方式，與其他業者的商業模式完全不同。當時，台灣的科技業者多半透過工研院移轉技術，吳敏求卻是少有不跟工研院往來，堅持自己研發技術，走自有產品之路的人。

談判要先懂對方的文化

旺宏之所以可以在第一個十年將公司做大，成為全球成長最快的半導體公司，吳敏求無中生有的高明談判技巧非常關鍵，他靠借力使力擴大公司規模的方式，到目前為止都沒有人能夠複製，也讓公司成功站穩腳步。

他表示：「借力使力有一個最重要的關鍵點，你的合作對象一定要有利，而且要有很多利，所以你一定要先想清楚他的利在哪裡，才能去談判。」這個利，不見得一定是金錢的報酬，例如，他知道台積電需要的是廠房，才能有產能，所以吳敏求提供廠房；任天堂需要的是更多的ROM，才能賣出更多的產品，所以任天堂願意借錢給旺宏買設備，擴充產能。

他在生意上的談判技巧，完全無師自通，並且善於從人性出發，一擊即中。不僅天生具備敏銳的觀察力，更善於掌握別人的肢體語言。他常對公司員工說，大多數人談判是從自己的文化為出發點，要別人遵循他的文化，他認為這是錯的，好的談判應該是遵循對方的文化，例如跟日本人談判，就要從日本人的角度來想事情；跟美國人談判，就要從美國人的文化來思考。

不同的文化都有一些通用規則可循，例如，年輕時，熱愛運動的吳敏求，對各種球類都有涉獵，碰到跟日本人談生意時，他會先從日本人熱愛的本土棒球開始輕鬆聊起，拉近距離；跟美國人做生意，他會談每一季的籃球賽與足球賽，尤其是美國每一州都有自己喜愛的球隊，投其所好很重要；歐洲人則喜歡談足球。除此之外，他到日本公司拜訪時，若是看到日本企業大廳裡掛有企業經營理念或是領導人名言的匾額，也會牢記在心，在接下來談判時，就把這些理念或是領導人說過的名言，複述給對方聽，表示旺宏可以怎樣做，以符合對方的期待。

旺宏之所以能夠與客戶維持長久合作關係，例如任天堂與旺宏合作超過三十年，他強調，尊重很重要。這是因為日本人做生意非常重視承諾，所以他跟日本人打交道，對方鞠躬六十五度，他一定回禮九十度，而且承諾日本人的事，就一定會做到，甚至即使虧錢，也要拚命做到。

至於美國文化比較實事求是，講求效益，所以談判時要懂得如何提供價值；歐洲人介於日本與美國中間，也重視承諾，但是不會像日本人一板一眼。

尊重是做生意的根本

值得一提的是，吳敏求強調的尊重，不僅是尊重客戶，他也要求平等，希望客戶也能尊重他。前幾年，蘋果公司找上旺宏，希望旺宏提供上億顆的 Flash 給蘋果，這個約最後沒有簽成，因為吳敏求拒簽，原因是利潤太少，甚至沒有利潤，再加上不平等的承諾太多。他認為旺宏提供的是有價值的產品，不應該以不平等的價錢賤賣出去，即使對方是國際級的大客戶。

吳敏求自嘲：「我這個人毛病很多啦，台灣唯一不跟蘋果簽約的半導體公司就是我。」但對他來說，旺宏從創業以來，堅持走高品質的研發路線，他希望對方也尊重他在產品上的努力，如果不能尊重，寧願不要這個生意。

其次，他在跟客戶談生意時，只談彼此合作有什麼好處，卻從來不談價錢。換言之，他帶業務全球走透透拜訪客戶，從來不提價錢，完全交由業務負責，雖然他會事先給業務指示，但是在客戶面前他一定說他不懂。吳敏求認為，做為公司最高層，如果親自跳下去談價錢，就失去了談判空間，因為身為領導者，肩負公司形象與最高決策，如果自己講出的價錢不對，也無法收回來；又或是對方想殺價，礙於身分，也不適合拒絕，所以談價錢他一定交給專業的業務進行。只是檯面上的價錢談判交給業務執行，但私底下他會給員工方向，以及如何掌握與對方鬥智的技巧。

堅持高品質，才能把別人的錢搬到你的口袋

那要如何鬥智呢？其實就是打心理戰。例如，他帶業務去談判，第一次見面時，業務提出價格後，如果對方覺得價錢太高，業務會表示尊重對方的決定，但也附帶說明，趨勢顯示明年一定缺貨，他們接下來還會再去拜訪其他客戶，如果不把握這次機會，下次再來找旺宏，不但不能保證還有貨，連價錢也可能會提高。

談判時的心理戰，會讓負責的業務承擔極大的壓力，因為萬一賭錯對方的心理，對方跑單，決定去找其他供應商，又該怎麼辦？吳敏求會告訴業務，就算對方跑去找其他供應

商也沒關係，因為一旦其他供應商的產能用完，客戶還是得再來找旺宏，這次更可以高價售出，旺宏還是獲利。不過，這個心理戰的前提是，主管必須對業務保證：「跑單我負責，你不用承擔。」業務才能無所畏懼地去迎戰。吳敏求表示，業務的工作最難，所有其他工作都比把別人的錢搬到你的口袋容易，唯有把錢從人家口袋搬到你的口袋，才是最難的事。

除了做業務要有策略外，吳敏求之所以堅持讓業務賣高價，並非嘴巴亂喊，而是必須有東西支持，那就是品質。從創業一開始，吳敏求就在工廠建立一套電腦化的自動系統，這套名為「超新星」（sNOVA）的資料工程分析系統，從設計研發、原料管控、製造批次到出貨，都有電腦進行嚴密的監控，就是為了提升產品品質。因為他認為，畢竟旺宏的產能有限，無法賣給所有人，重視品質的客戶就會跟旺宏買。

能提供別人不能的，才是真正的贏家

他也常跟業務講，你們要做什麼事情都可以，但是要問你自己，為什麼做這件事？人家為什麼要跟你合作？如果人家說因為你便宜，所以跟你合作，那是你的失敗；但如果人家跟你合作，是因為你能夠提供別人不能提供的，那你就贏了。

但即使這樣，也不見得一定贏，還包括做出來的產品是不是別人所需要的。例如，最近旺宏與輝達（NVIDIA）合作，提供高強度安全性防護快閃記憶體 ArmorFlash，用來支援輝達的自駕平台。

吳敏求親自出馬談判，一次就搞定。他表示，談判有趣的地方在於，看一件事不能只看單項，有時候一件事情牽涉到好幾個面向，就看你如何把這些點湊在一起。而這個合作有一個很重要的思考點，那就是系統的安全性。因而當客戶詢問他：「我為什麼要跟你合作？」吳敏求提供的是一個解方。除了保證可以提供足夠的產品量之外，讓輝達可以毫無旁騖地衝市場，重點在於彼此合作如何可以將系統做到最好。

為什麼系統很重要？吳敏求表示，一個系統賣出去常會有很多問題，如果不在前端把關品質，後續就會產生許多問題，修理、召回汽車都還其次，出了人命才是大問題。例如，這幾年比較有名的案例是，日本安全氣囊大廠高田公司（Takada）的召回事件。

高田公司曾經是世界上最大的汽車安全氣囊製造商，卻在二〇一三年，因為其所製造的安全氣囊材料有瑕疵，導致一系列車子因為安全氣囊破裂而致死的事件，因而被國外索取巨額賠償，最後導致破產。尤其，隨著科技提升，汽車內部使用的電子系統，需要更多高度的整合技術，複雜度與安全性的要求也更高，吳敏求對旺宏研發的產品品質也就要求更高。

有一次，他到客戶工廠去拜訪，對方請他們先在員工休息室等待，結果善於觀察的吳敏求看到，這間休息室把每一家供應商的不良品寫在一張紙上，註明哪些供應商提供的成品是失敗的，其他家都是一大堆數字，只有旺宏的不良品下面寫的是零。

簡報重點是解決對方問題，而非自己的需求

吳敏求一直以旺宏的品質為傲，認為旺宏所追求的品質，就是最好的談判籌碼。他說：「再好的談判話術，對方也是聰明人，不會被牽著鼻子走，但是品質會說話。」到目前為止，吳敏求還沒碰到一個跟他旗鼓相當的談判高手。有一次，他到德國去談生意，很快就談成，對方因此好奇地問他：「我可不可以問你一個跟事業無關的問題？你親自出馬跟新客戶談判的成功率是多少？」

吳敏求說，他自己沒有統計過，但是記憶中，他好像沒有失敗過。他的談判技巧，除了是一開始必須先站在對方立場出發，思考對他們有利的點是什麼之外，他的簡報力也很厲害。他表示，如果將「見人說人話，見鬼說鬼話」這句話用在談判上，就是要掌握對方透露出來的肢體語言，才能順勢而為。他常跟員工說，客戶給你十五分鐘簡報，你能夠完整表達，就很厲害了，因為六十分鐘的簡報，誰都會講。

吳敏求親自出馬做簡報時，有一個特點，他從來不用電腦ＰＰＴ做簡報，而是習慣

帶一堆幻燈片，一邊講解，一邊挑選下一張。他為什麼堅持用比較麻煩的幻燈片？而且為什麼是「挑選」下一張，不是「放」下一張？

他表示PPT有局限性，講者得按部就班跟著PPT走，但是使用幻燈片的好處是，他可以一邊講解，一邊觀察聆聽者的反應，如果聆聽者對某個名詞或是數字有肢體上的反應，他就能臨時抽換下一張，另外挑選一張讓對方感興趣的數字或是主題，加深對方的印象，而不是照本宣科。

例如，早年他到美國去談生意，當時有一個公司叫做Palm，是美國著名的手持設備製造商，專門開發掌上型電腦。旺宏賣ROM給對方，一片的價格是六美元，結果三星的業務也跑進來搶單，提供更低的價錢。業務問他該怎麼辦？是否也要降低價錢？吳敏求告訴他不急，到現場簡報後再說。一開始，這家公司只願意給旺宏三十分鐘做簡報，吳敏求上場簡報，從原先的三十分鐘變成一個鐘頭，後來對方更找來老闆，並更換大會議室，大家關在會議室裡談了三個小時，最後的結果是，對方請旺宏的業務隔天來拿訂單，而且一毛都沒少，價格依舊是六美元。

吳敏求精準掌握簡報技巧，除了在過程中告訴對方，為什麼旺宏的產品值得你買，最厲害的是，他能細膩解讀對方的肢體語言，只要對方一個眼神或小動作，他立刻換上符合對方期待的幻燈片，繼續說服。簡報時，他絕不談旺宏的需求，因為跟對方講自己的問題與需求毫無意義，你的問題又不是他的問題，重點在於，你可以替對方解決問題。所以，簡報時他會先告訴對方，你的問題是什麼，你跟我合作，我可以解決你的問題，而且你不會虧本。「你在替客戶解決問題的過程裡，也替自己解決了問題。」他說。

堅持正派經營，禁止上酒廊談生意

值得一提的是，早年旺宏還有一個鐵律，那就是不准業務上酒廊談生意。

吳敏求剛回台創業時發現，當時的業務文化都是上酒廊談生意，但他嚴格禁止，表示第一攤的餐費由公司出錢，但是第二攤的餐費公司不會出錢。如果非要去，必須先跟他申請，申請通過才能去。結果當然沒有一個業務敢跟他申請，因為一定不會通過。在他看來，業務到聲色場所談生意一定談到三更半夜，長期下來，不僅身體吃不消，隔天上班也沒精神，對個人、對公司都是雙輸。業務當然會跟他說，沒辦法客戶要求上酒廊談生意。但吳敏求會反問他們，你為什麼要照做？就算是客戶付錢應酬也不行，這不該是你沒有業績的理由，沒有業績就要自己想辦法，而不是被別人牽著鼻子走。

他說：「我這個人常會挑這些毛病。我有我的一套邏輯，他們不一定同意，但是很不幸，我做總經理就是我的邏輯對。」事實上，外界形容旺宏的業務是業界的一股清流，尤其早期做生意有很多理所當然的應酬，包括上酒廊、陪客戶打高爾夫球或是唱KTV等等，旺宏的業務一概不涉及這些額外花時間的活動，只專注推銷旺宏產品的品質。

在旺宏擔任產品行銷處專案副處長的周志鴻就表示，旺宏在業界很早以前就以正派經營出名，當初他還在軟體公司工作時，就聽說過旺宏的業務不能有第二攤。擁有美國MBA學位，曾在波音公司及工研院光電所工作，並在旺宏服務將近二十年的周志鴻，談到他的老闆吳敏求，充滿了敬佩之意：「吳敏求跟其他老闆有很多不一樣，他不僅不應酬，連股票一點都不沾，完全不進出股市，就是專心經營本業。」新冠肺炎疫情前，他長年跟著吳敏求全球跑透透去拜訪客戶，對吳敏求跟客戶談生意的態度印象非常深刻，笑說：「吳董是很有性格的。」雖然旺宏是來自台灣的一家半導體公司，但是吳敏求在全球談生意，很堅持一點，那就是彼此尊重，平起平坐。

拒絕不平等的合作

周志鴻記得有一次，他跟吳敏求去以色列拜訪一家半導體公司，旺宏是他們的供應商，這個客戶態度刁鑽，又很會談判，開會時帶了二十個人一起參與，看起來很重視旺宏這個供應商，但是帶頭的經理態度卻非常傲慢，吳敏求問他很多問題，他都一副要答不答的樣子。

輪到對方問問題時，這位經理卻反問吳敏求很多問題，由於這家公司想要買旺宏生產的ＫＧＤ(Known Good Die，優質晶片)，便問道：「聽說你們的ＫＧＤ一年賣到一億顆，你可以分享一下你們做 ＫＧＤ 發現的重要問題嗎？」吳敏求當場就回答對方：「This kind of things take two.」意思是，一個巴掌拍不響，你什麼都不告訴我，我也沒辦法告訴你什麼，這場會議有點不歡而散。吳敏求立場很鮮明，如果客戶不尊重旺宏，只要求單向配合，他寧願不做這個生意。後來，這家公司被其他半導體公司併購，新的公司因為旺宏的品質還是最可靠，依舊繼續購買旺宏的產品。

另一個讓周志鴻印象深刻的例子是，二〇〇四年，他剛加入旺宏時，主要負責 Nokia 的業務，當時 Nokia 是全球最大手機品牌，市占率高達五〇％以上，事業如日中天，對供應商的態度也非常傲慢，他每一季都要去芬蘭「朝聖」一次，到 Nokia 總部去談產品路線的未來規劃與供應。當時採購合約上有一條：「unlimited liability（無上限的損害賠償）」，意思是，假設旺宏提供 Nokia 的記憶體產品導致對方不管是在產品，或是商譽上的損失，對方可以要求賠償沒有上限，也就是如果 Nokia 損失一千億元，旺宏也要賠償一千億元。

他表示，當時所有 Nokia 的供應商都簽了這個無限上綱的條款，因為不簽這個條款，就無法做 Nokia 的生意，但是吳敏求不肯簽，他認為這個條約不合理，雙方一直僵持不下。後來吳敏求與周志鴻飛到芬蘭與 Nokia 的高層見面，對方態度很高傲，當時吳敏求反問對方：「你要我簽這個，等於是要我們公司的命，如果是你，你會簽嗎？」對方笑而不答，吳敏求直白地說：「這個條款如果不修訂的話，我不可能簽，我寧願不跟你們做生意。」

客戶不是永遠都對

當時，像 Nokia 這樣的大公司，他的合約就像憲法一樣，小小供應商怎麼可能去動他們的條款，但是最後 Nokia 唯一為一家供應商修改條款，那就是旺宏，因為當時旺宏的罩幕式唯讀記憶體（Mask ROM）市占率是九〇％，Nokia 如果不找旺宏供應，也沒有其他廠商能供應。但是，連大公司都不敢不簽，由此可見，吳敏求在談生意上的堅持，如果對方不尊重旺宏的價值，再大他也斷然拒絕。

「跟客戶講不要買我的東西，沒有一個 CEO 會做出這種事，」吳敏求說曾經有客戶表示，有同業可以以更低價出售產品，要求旺宏也跟著降價，但他拒絕，堅持高品質也要獲得合理利潤，他表示：「顧客不是永遠都是對的。」如果是一家大企業，談生意強調平起平坐，是一件很容易的事，但吳敏求從創業之初，公司還小，在國際上又沒沒無聞時，他就堅持與客戶平起平坐談合約，這一點相當不容易，畢竟別人為什麼要買單這家小公司的堅持？

吳敏求承認要堅持這一點的確很困難，尤其當別家大公司都接受這樣的條款，就更難堅持了，但是他說：「重點是你一定要提供別人不能提供的特殊價值，才能平起平坐，如果你只是 me too，怎麼可能有談判空間？」

Chapter 5

推動無紙化工廠：

提早三十年數位轉型，靠電腦打敗日本人的紀律

二〇二一年十月，《哈佛商業評論》舉辦首屆「數位轉型鼎革獎」，其中的「數位轉型領袖」獎，是由旺宏電子董事長兼執行長的吳敏求獲得。

原來，三十三年前，旺宏成立之初，就首開半導體產業風氣之先，將數學、統計學和數據探勘（data mining）導入相關製程，推動電子設計自動化（Electronic Design Automation，EDA），吳敏求將這個系統取名為NOVA，意思是「新星」，後來改稱為sNOVA。旺宏今日的核心競爭力，正是靠這套能提供各種AI分析、自動辨識及自動偵測的「自主研發工程資料分析系統」，讓旺宏的每一片IC及模組都有了數位身分證，三十多年來，更是不斷精進，才能做出高品質的產品，提升更高的生產力。

這套電子化系統影響所及，使得旺宏所培育的研發人才，後來被台灣各大半導體公司挖角，將這套大數據系統帶入台灣各大知名的企業，讓其他業者陸續學習，成為台灣高科技業今日在半導體製程中，突飛猛進的主要因素之一。

日本人勝出的關鍵在紀律

為什麼這套發明影響深遠？三十三年前，半導體廠在面臨數百道複雜的製程中，靠人為抓出異常狀況，是業界普遍的傳統做法，但通常得花上一週以上的時間。講求品質與效率的吳敏求，於是想到導入電子化的統計系統，因他在美國工作時，見證了日本半導體產品在一九八〇年代超越美國，成為全球半導體生產大國。

他回憶，一九八〇年代，日本人幾乎把美國半導體公司都打敗了，美國人只能做一些邏輯的晶片，但是在記憶體方面，完全沒有競爭力，因為日本人的天性就是要把品質做到最好，賣出去的產品也一定要是最好的產品，所以美國產品不敵日本。另一方面，日本人又傾向用本土產品，因此造成美日貿易逆差，美國政府才會要求日本政府一定要開放本土市場讓國外的半導體產品也能進入。

正因為了解日本半導體業者在品質上的嚴格要求，他回台創業後，一方面為了求生存，對外尋找大客戶，一方面思考將來蓋廠後，如何在產品上跟日本人競爭？他有信心在設計上能夠贏過美國人，但如果旺宏的產品品質輸給日本人，那還是零。

後來，吳敏求歸納出日本人之所以可以做出高品質的產品，原因在於紀律。日本人的民族性非常重視紀律，反映在製程上，就是一項優勢，因為可以做得又便宜又好；而台灣的工程師很難做到如日本人恪守紀律的嚴謹態度，應該說，沒有一個國家能在紀律上跟日本人競爭。

以電腦超越日本人的紀律

當時半導體公司的傳統製程是把每一步的製程都寫在紙上，包括第一個步驟該做什麼，現場操作員做完之後就在紙上簽字。例如，多少進、多少出、什麼時候做、誰做的，再將這張紙傳到下一個操作員手上，繼續填寫，不但耗時，而且容易寫錯，而一旦製程發生錯誤，就得花許多時間抓錯，以他過去在英特爾工作的經驗，找問題很麻煩，因為連填寫的單子都不知道放到哪裡去了。

他一邊蓋6吋廠，一邊思考如何不透過人為方式解決紀律問題，他想到的是導入電腦化生產，將整個製程電腦化，把所有步驟都存入電腦裡，讓電腦來執行製程裡的每一個步驟，完全不需要經過人的接觸，因為唯有用機器取代人的紀律，才能打敗日本人。

一九九〇年代，雖然已經有電腦設備，但他面臨的第一個困難，就是每個機器設備都有自己的小電腦，但是如何做到連線，卻沒人嘗試過。於是他找了一家顧問公司，將電腦化的專案交給他們做，請他們把所有製程全都電腦化，彼此連線。當時旺宏的廠長有點擔心這種方式是否行得通，因為從來沒有人做過，還想回到原來紙張操作的過程，但吳敏求告訴他，只能往前走。吳敏求表示新廠蓋好，一開始就引進自動化系統，若有錯誤，可以立刻改進，反而比較容易。如果先採傳統做法，中間想再改為自動化，反而困難。後來新廠蓋好，生產線立刻全採資訊化，所有製程都導入電腦系統，讓電腦取代人工，主導設備運行，所幸一開始運轉就很順利，大家也鬆了一口氣。

當時業界都不知道他已經研發出這套生產線的電子自動化系統，讓旺宏成為無紙化工廠。而電腦化之後，他意識到電腦不斷累積龐大資訊量，他又開始思考如何將這些資料有效化，讓生產效率提高。

超前部署，三十年前即展開數據探勘

一九九〇年，也就是早在三十年前，他就從清華大學招聘統計研究所的畢業生，請他們協助做數據探勘，這在當時是一項跨業的創舉，也是全球首例，因為學統計出身的人多半進入金融業，少有人進入高科技產業，也不知道半導體業在做什麼。為了加速彼此磨合，吳敏求對半導體出身的員工說：「你要去跟學統計的人說，你希望看到什麼，他們才能幫你找找看有哪些資料可用。」

正是這樣的起步，讓統計專家慢慢進入狀況，透過數據探勘，清楚每一個製程參數，因此大幅降低了成本，提升了旺宏的生產力。旺宏的退貨率（RMA）也從業界標準的PPM（百萬分之一），降到PPB（十億分之一）等級，成為全球第一家能用「PPB」指標衡量不良品的廠商。

多年後，吳敏求收到一封陌生的電子郵件，寄件人是當年清大統計研究所畢業、被旺宏招聘進入公司，協助建立半導體數據系統的工程師。他告訴吳敏求，清華大學最近頒給他傑出校友獎，原因就是他率先將半導體的大數據系統建立起來，他很感謝當年旺宏提供這樣的機會。

Chapter 6

寧靜革命：

推動「第三類股上市」，打通數位轉型三關卡

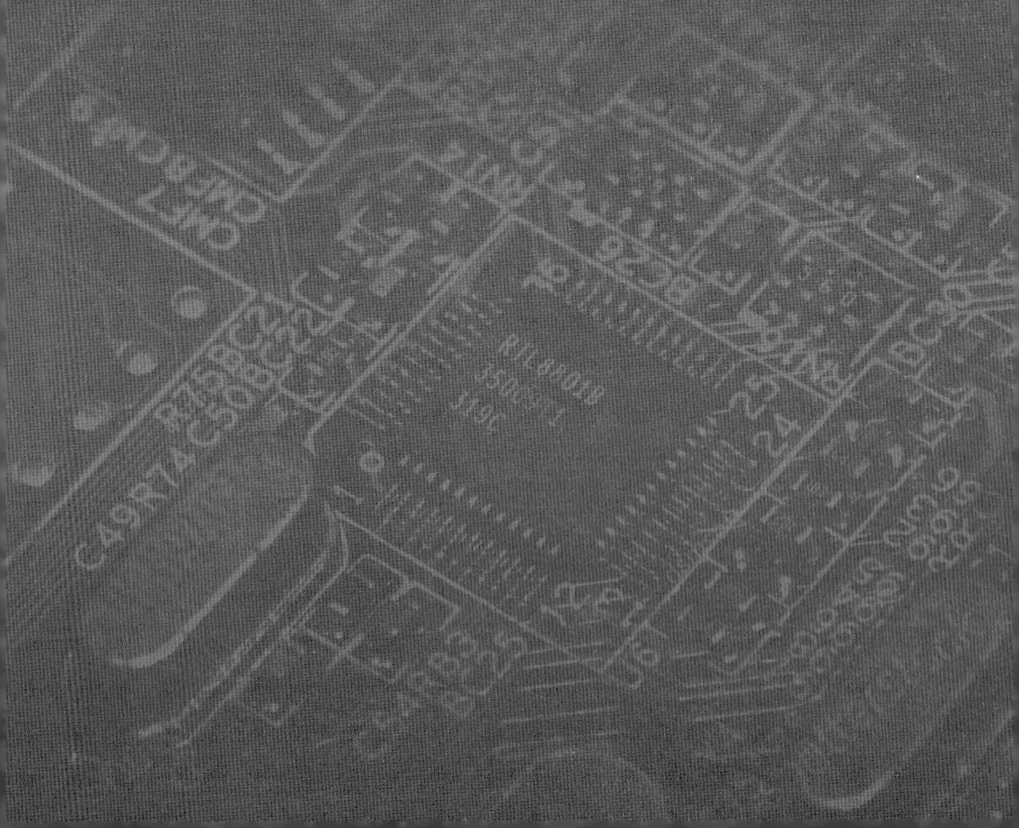

一九九八年六月，《富比士》雜誌封面人物首度出現來自台灣的企業家，這位企業家正是旺宏電子創辦人吳敏求。當時，連吳敏求自己事先也不知道會登上《富比士》的封面，那天他人在美國紐約，忽然有雜誌的攝影記者聯絡他，希望到他入住的旅館拍照，並告訴他，「你一定是非常重要的人，才會由我來拍攝。」

帶回矽谷精神，引領台灣改變

那一期的《富比士》以封面故事報導，一九九〇年代被稱為矽島（Silicon Island）的台灣，掀起一片高科技淘金熱，創業的活力比矽谷更盛，而且當亞洲其他地區都陷入經濟衰退時，台灣卻因為科技業興起，帶動了超過五％的經濟成長。

報導還指出，當時台灣甚至流傳一個笑話：若屋頂塌下來打到人，十個當中就有四個是電子公司的老闆。由此可知，當時台灣電子科技業的創業風氣之盛，不僅催生了許多億萬富豪，也讓台灣成為世界上最大的高科技產品供應商，從電腦顯示器、主機板、鍵盤、掃描器到筆記型電腦，都讓ＩＢＭ等許多電腦公司將生產鏈移轉到台灣，成為矽谷最佳合作夥伴。

這篇報導分析，相較於日韓的高科技產業都是由大企業主導，台灣則由數以千計的創業型製造商所組成，這種分散式的經濟規模，正好符合高科技業產品特性：週期短，必須要迅速反應才能生存。《富比士》稱讚吳敏求是對台灣這個矽島最有貢獻的企業家之一，帶領多位留美工程師返台創業，不僅移植了矽谷精神，也讓當時旺宏市值達到了二十億美元的規模。

事實上，經過近十年的創業努力，吳敏求除了帶領旺宏成為全球半導體成長最快速的公司外，他對台灣的高科技業也掀起數次的寧靜革命，這些革命在於打通了科技業的人才、資金與數位轉型三個關卡，對日後台灣科技業發展，影響甚巨。

電腦化加上數位轉型，成就科技台灣

首先，在人才方面，吳敏求回台創業提出了系統單晶片未來將成為半導體產業主流的概念。三十三年前，要在台灣做系統單晶片，被視為天方夜譚，因為台灣當時主力都放在代工生產，沒有一個設計師知道該如何做。吳敏求直接從美國延攬資深工程師返台，從訓練本土人才開始做起，讓這些資深的工程師帶領台灣本土剛畢業的碩士生，一步一步的學習，一起投入系統單晶片的研發。

值得一提的是，這些人當年才剛從學校畢業，經歷旺宏多年的專業訓練，如今已成為各大高科技公司的重要高級主管，從四十五歲到五十五歲，幾乎都是旺宏所培育出的人才。難怪早年流行一句話：「台清交成旺。」意思就是，台灣培養高科技人才的研究所，除了台大、清大、交大、成大之外，就是所謂的「旺宏研究所」。旺宏不僅培養出本土第一批ＩＣ設計師，當年這些留美工程師教會本土人才後，雖然後來陸續又回到美國，但是旗下的人才，讓台灣的ＩＣ設計業快速起飛。

其次，在數位轉型上，旺宏三十三年前就建立無紙化的工廠，將製程全面電腦化，並創造一套電子化的統計系統，將數學、統計學及數據探勘導入製程，透過蒐集的大量數據與分析資料，提高生產力。同樣地，這些人才後來也將這套系統帶到其他高科技產業，帶動其他業者學習，間接提升各領域的生產力及技術。

「台灣今天為什麼生產力贏全世界，就是電腦化加上數位轉型。」吳敏求說。不僅如此，他對台灣科技業還有一個很重要的貢獻，那就是推動第三類股上市，也讓旺宏在一九九五年，成為第一家以第三類股在台灣上市的企業。

單槍匹馬，力促政府通過台灣第三類股上市

第三類股上市，為什麼影響後來台灣科技業的發展甚巨？其實早在一九八四年，證券交易就明訂第三類股的上市標準。當時規定，第三類股若要上市，除了需有兩億元以上的資本額外，還必須有開發成功的產品以及證明文件。這個證明文件後來還規定必須要由主

管機關出具證明，證明申請上市的廠商必須是科技業，不僅產品要具有市場性，還要開發成功。但這卻導致了一個問題，那就是主管機關根本不敢背書，因為高科技業屬於高風險產業，更何況，萬一一毛錢都還沒賺到，公司就倒了怎麼辦？又要如何認定這個產品具有市場性？

一開始，由於早年台灣科技廠商幾乎都是由政府所資助，所以大家也沒太在意，但是隨著規模變大，需要更多的資金添購昂貴的機器設備和量產時，就必須透過上市，到資本市場快速募集資金，才能迅速壯大。問題是，制度雖然已經訂立，但是沒有進一步訂立執行步驟，第三類股走了好幾年，還是沒有廠商可以走得通，結果導致募集不到資金的科技公司陸續倒閉。

當時旺宏只是一個新創公司，初期向股東只募得八億元資金，雖然吳敏求後來借力使力，找到任天堂這個大客戶，又透過技術授權給日本NKK，獲得一千六百萬美元的授權費，但是對於半導體業來說，這些錢都只是杯水車薪，後面還要蓋廠、添購機器設備，想要再繼續擴大規模就必須透過上市，到國外去找尋更多的資金進來。

於是，他請董事會同意讓他去找證券商輔導，讓旺宏能以第三類科技股掛牌上市，當時董事會沒有人看好，因為他們在台灣待久了，認為這是一件不可能的事，不過還是幫他引薦，讓他去試試看。

碰到困難，別人選擇多一事不如少一事，但吳敏求認為要做的事就要下定決心去嘗試，不去嘗試怎麼知道結果。於是，他專程去拜訪當時的經濟部長江丙坤先生、經建會主委蕭萬長先生，以及當時的財政部次長王政一先生，準備了豐富的資料，向他們表示，第三類股上市的重要性，因為科技業沒有足夠的資金什麼事都做不了。

吳敏求告訴他們，美國英特爾成立時，前十年有三次幾乎倒閉，但英特爾後來發明了CPU，獲得了空前的成功，正是因為他們從自由市場獲得更大的資源進行技術研發，才有後來的成果。換言之，不應該用傳統的做法來規範科技公司上市，應該由投資者來決定這家公司是否值得投資，不是由政府決定。更何況，投資者比政府還精明，所以政府不應該把壓力攬在自己身上，而要成為一個開放的平台，讓這些科技公司能夠成功上市。

這場會面帶來好的結果，政府同意開放讓旺宏上市，並請當時的工業局局長尹啟銘負責這件事，尹啟銘很快找來產官學界的人當評審委員，一起開會聆聽旺宏簡報，簡報完畢之後，發給旺宏一張可以上市的證書，旺宏於是在一九九五年，成為台灣第一家以第三類股上市的公司，隔年更成為首家在美股發行美國存託憑證（ADR）的台灣科技業者。

成為第一家在美國那斯達克上市的台灣企業

事實上，一九九四年，旺宏就拿到許可證，但因為上市前必須經過券商輔導一年，旺宏遲至一九九五年才上市。這一年當中，因為旺宏打開了科技股這個大門，也有不少企業開始躍躍欲試，打算以第三類股上市。不過，這裡面有一個連吳敏求也不知道的小插曲，當時為什麼旺宏會成為第一家以第三類股上市的企業，其實也跟旺宏本身的取名有關。

尹啟銘表示，雖然一九八四年就已經規定第三類股的上市標準，但是因為沒有擬定實施辦法的細節，只有一個條文擺在那裡，導致業者想上市卻無從遵循。後來工業局將實施辦法的細節擬定出來後，科技業者才終於有所依循。而當時企業必須先到工業局取得同意函，才能向證管會正式申請第三類股上市。經吳敏求力薦，工業局將實施辦法擬出來後，雖然有企業躍躍欲試，但是又怕萬一用第三類股這個大家沒聽過的名詞上市之後，股票如果不是很好，出師未捷身先死該怎麼辦？為了打響第一炮，尹啟銘說，當時工業局覺得旺宏這個名字取得不錯，又旺、又宏（紅），所以決定讓它先打頭陣，成為第一家以第三類股上市的企業，第一炮打響之後，別的公司才會繼續來申請上市。「果然上市之後，旺宏股票很好，所以才有第二家、第三家來陸續申請。」尹啟銘表示。

台灣高科技產業日後蓬勃發展，也跟企業終於可以以第三類股上市大有關係，因為上市之後就可以到國際去找錢，吸引更多海外資金到台灣，有了充足的資金做為後援，加上人才與技術純熟，就能打鐵趁熱，讓公司迅速發展。旺宏在台灣上市後，隔年也在美國上市，成為台灣第一家在美國那斯達克（NASDAQ）上市的公司。吳敏求說，政府看到旺宏連美國這麼先進的市場都可以進去，就更有信心開放，讓更多科技公司上市。

不和別人走一樣的路，堅持創造獨特價值

只要認定是對的事情，即使遇到困難，吳敏求絕對不退縮，一定征服到底，他感慨地說：「如果我沒有去遊說就會一直延後，台灣科技產業就不是現在這個樣子了。」

經過多年努力，吳敏求終於把高科技業的人才、數位化轉型及資金門檻都打開，加上技術大幅提升，上市隔年，公司年營業額就突破一百億元，旺宏的晶圓一廠也已經有一定產能，不必再靠過去借力使力的方式擴大產能。即使一九九八年興建二廠，吳敏求再度找任天堂借錢，任天堂已對旺宏深具信心，立刻點頭幫助擴廠。

二〇〇〇年，旺宏年成長大爆發，營業額達十億美元，晉身「十億美元俱樂部」，年獲利更突破一百億元，相較於一九九九年的獲利，成長近一倍。這是因為正好碰上千禧年，很多人怕電腦因為時序出問題，掀起一股換機潮，當時需求量極大，旺宏幾乎賣任何產品都大賺，產能也供不應求，必須再興建兩座晶圓廠因應。

這時的旺宏，不僅是台灣唯一專注在非揮發性記憶體的晶圓製造廠，它的罩幕式記憶

體、抹除式唯讀記憶體（EPROM）、快閃記憶體等產品也擠進全球前十大，其中罩幕式記憶體更成為全球最大廠。當時，全球整合元件製造大廠都是旺宏的客戶，並且與國際大廠平起平坐，一起合作開發技術。二〇〇一年，吳敏求更榮獲了美國《商業週刊》評選為「亞洲之星」（Stars of Asia）的五十位企業家。

從一九八九年成立以來，旺宏的第一個十年非常成功，從來沒有失敗過。吳敏求從沒有工廠開始起家，靠美日貿易逆差，爭取到任天堂大客戶，讓公司成立的隔年就開始賺錢，再透過技術移轉給日本NKK，獲得一筆資金去做產品開發。一廠蓋好後，為了擴充產能，再跟台積電簽訂合作，提供廠房幫台積電生產產品，讓台積電出錢協助添購設備。之後，再跟任天堂借錢兩次，持續擴大產能。最後，再透過推動第三類股上市，爭取更多國際資金。

相較於台灣其他半導體業者後來紛紛投入晶圓代工及DRAM（動態隨機存取記憶體）生產，吳敏求始終堅持不代工，專心致力於快閃記憶體的非揮發性記憶體技術開發，靠一己之力，堅持走自有產品之路。

旺宏產品設計及工程開發中心副總經理洪俊雄，在旺宏成立第二年就加入，是當年吳敏求刻意培養的本土人才之一。做為旺宏元老級員工，他說：「Miin 不喜歡跟別人做一樣的東西賺錢，他希望對市場產生獨特價值。」他指出，旺宏是ＩＤＭ（整合元件製造）公司，相較於代工，只要把製程做好即可，但是旺宏自己做設計、自己開發製程、自己生產、自己銷售，只要一個環節出問題，就會影響其他環節，管理風險比較大，但好處是，若每個環節可以互相協調，就可以得到最佳化，創造更大的價值。

他記得旺宏剛創業的那幾年，產品還沒有打入前沿，他們看的方向就是第一名企業在做什麼，然後對方有的，旺宏也要有；對方沒有的，旺宏加一點東西，靠這樣打入市場。正是用這樣的態度，讓旺宏在創業的第一個十年，就成為全世界半導體業成長最快速的公司之一，更在全球建立龐大的銷售網絡。

Chapter 7

走動式管理：

首開科技業週休二日，打造竹科第一座員工運動中心

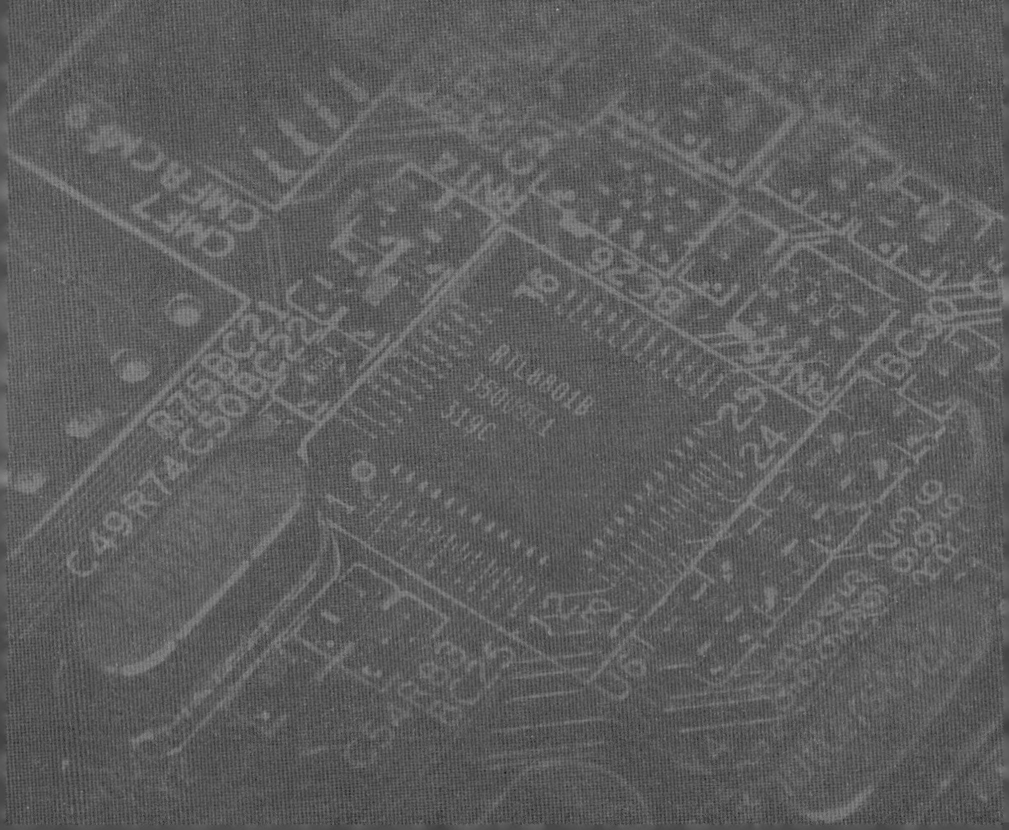

旺宏的第一個十年，總共搬了九次家，一九九九年，位於竹科的總部大樓終於落成啟用，旺宏也從此扎根於此。

這棟由知名潘冀聯合建築師事務所設計的大樓，不僅有旺宏為員工打造的竹科第一座六百坪員工運動館，使竹科其他企業也起而效尤外，大樓一側還有景色非常優美的六公頃綠地公園，這是旺宏大樓落成後，第一天就向竹科園區管理局認養的公園，並取名為「旺園」。

只要是對的事情，吳敏求一定全力以赴，就連認養公園這件事，他都做到盡善盡美。多年來，吳敏求僱用專人維護公園，在旺園內種植多達千棵以上的樹木，光是樹種就有七十一類。不僅如此，園內還有露天圓形劇場、稀有水陸生植物的生態池，園區的澆灌系統使用的也是廠區內的雨水回收水，更有多條步道，從旺宏大樓的側門就可以直通公園，成為員工每日中午及傍晚最佳的休憩之處。「旺園」更從二〇〇四年起，連續多年獲得新竹科學園區管理局舉辦的園區綠美化暨環境維護競賽最高榮譽的特優獎。

他說：「既然這個公園就在我的公司旁邊，我為什麼不把它當做自己的一部分？」家人都在美國的吳敏求，長期在台灣打拚，他早就將員工視為家庭的一份子來照顧。他不住豪宅，長期住在員工宿舍，每天四點就起床，不到六點就到公司上班，週一到週五如此，週六與週日也是七點前就進公司。

廠辦設計以員工為出發

旺宏大樓興建時，他每週末都去監工，讓工人很有壓力。原因是，當他看到工人進行混凝土、磨石子工程時，塵土飛揚，竟然沒有一個人戴上口罩與護目鏡；或是在鋼架上這麼危險的地方工作，卻沒有人以鋼索保護安全，他就會立刻下令停工，直到他們做好保護措施，才准動工。

一開始，大家看到假日工地出現一位穿著短褲、T恤與球鞋的中年男子，不斷提醒大家要做好工安防護，根本不理會他，後來才發現他竟然是這家公司的老闆，都嚇了一大跳，從此跟門口警衛達成協議，只要看到吳敏求，立刻通知大家，讓大家第一時間就戴上口罩，免得被念。

吳敏求無奈地說：「我知道他們一定很不喜歡我，因為戴這些東西做事不方便，但這就是我的個性，我覺得在我的工地上就要照顧好他們。我這個人就是跟別人不一樣，你說有哪一個董事長會去巡視工地？真的沒有。」

除了重視工安外，旺宏大樓建造過程，他也參與不少意見。其他科技大樓多走極簡風格，但旺宏的大廳走的卻是歐洲古典風，將二樓到四樓打掉，做成黑白相間的線條，挑高的羅馬式圓穹風格，氣勢非凡，訪客進到旺宏大樓都印象深刻。這些都是吳敏求的創意，他希望員工走進公司，感受到的是舒適，不是狹窄空間，使得心情低落，工作效率變差，所以他寧可打掉二樓到四樓，減少工作空間，打造出圓頂風格，挑高的空間讓訪客進來時，也能立刻感受到旺宏是一家世界級的公司，所以堅持精心設計門面。

最讓他引以為傲的是員工運動館，這也是竹科第一間專為員工打造的運動中心，透過大片玻璃將外景引入室內，讓在室內運動的人心曠神怡。而且除了有多功能球場、室內游泳池、餐廳及KTV等休閒設施外，還有一間小型圖書館。特別的是，圖書館裡的書籍沒有一本是半導體相關的書籍，全都是休閒旅遊書，這也是吳敏求的要求，他希望員工來這裡運動放鬆就好，暫時把工作拋到腦後。

年輕時本來就熱中球類運動的吳敏求，對員工的運動十分重視。既然蓋了這間運動中心，就希望員工多利用。所以在旺宏，員工五點以後去運動，都不需要跟主管報備，他甚至還發運動卡給每位員工，每人五百點，規定一年內要用完。如果部門到運動館的出席率太低，倒數三名的名單會直接送到吳敏求的辦公桌上，他會找主管詢問原因。所以經常有部門主管，上班時間乾脆帶員工一起上運動中心健身。假日運動館更開放給員工家屬，鼓勵家人一起健身。他認為，長時間工作反而阻礙效率與創新，適當的運動不但對身體好，也能在工作上有好表現。

以公司為家的吳敏求，不僅住在公司租的園區員工宿舍，早、午兩餐也都在旺宏的員工餐廳解決。而旺宏大樓的員工餐廳設計，又是他另一個獨特創意。當時，多數企業員工餐廳的地點，都是設在地下室，但是吳敏求設計廠房時，就堅持員工餐廳要設在一樓。總部大樓落成後，員工餐廳更是占據大樓一樓及二樓景觀最美麗的部分，透過大片落地窗，與外面的旺園美景相輝映。

一樓通常是一棟大樓最受企業重視的地方，少有人會用來設置餐廳，但是吳敏求認為，員工用餐時就應該要放鬆身心，好好享受餐點，盡情跟同事聊天，或是欣賞窗外景色，感受四季變化，而不是將餐廳設在暗無天日的地下室，讓員工匆匆用餐了事。

他到員工餐廳用餐，也是跟著大家排隊，沒有特權，自己排隊點完菜之後，就找一張桌子坐下來用餐，跟著員工一起眺望窗外美麗的公園景觀。他說，天天在員工餐廳用餐有一個好處，就是可以確定廚房的餐點品質是否始終如一，避免有的餐廳一開始進駐時，餐點做得很好，到後來卻馬馬虎虎。

此外，員工餐廳開張第一天，他就要求廚房不准使用味精，所以旺宏的員工餐廳都不放味精，堅持健康導向。不過，一開始，廚師不習慣，好幾次被吳敏求抓了個正著，因為他的味覺很敏感，只要一吃到味精就知道，所以有時他會到廚房抽查，結果打開櫃子就發現味精藏在裡面，可見他對員工健康重視的程度。

旺宏的員工看到董事長自己都跑來吃，也覺得吃得很安心。尤其餐廳有六個不同餐點站，吳敏求會固定更換，測試一下菜色是否達標，如果口味不好，他就會親自跟餐廳溝通。跟在吳敏求旁邊做事的人都知道，他雖然對工作要求高，但私下對人很和藹，到國外出差時，拜訪客戶之餘，吳敏求也會帶員工去吃美食，甚至員工家人託帶東西，他也會帶他們去購物。

走動式管理，掌握營運細節

在美工作多年，公司治理上，吳敏求的美式管理風格非常鮮明。在公司，他要員工叫他的英文名字「Miin」，而非頭銜，因為大家都地位平等，只是負責的事情不一樣，少了頭銜，才能拉近彼此之間的距離。

他的辦公室也是開放的，歡迎員工隨時進來問他問題。不過，員工通常都很少主動找他講話，因為來問問題等於是承認自己工作上的弱點，這是人性，所以他喜歡 manage by walking around（走動式管理），到各部門去看每個人在做什麼，提出他看到的問題。即使他有問題想問員工，他也從不叫員工到他辦公室來問話，而是自己走到員工的辦公室詢問。吳敏求喜歡邊走動，邊觀察，加上他穿的鞋子是膠鞋，走路沒聲音，所以只要走兩圈就知道大家的工作情形。每天早上，他固定在員工餐廳用完早餐，就會到各部門走動，他的辦公室在十二樓，產品行銷處位在十樓，所以產品行銷部門往往是吳敏求第一個巡視的地方。他會關心昨天發生什麼事，員工當下就跟他報告最新動態及業績，中午吃完飯和晚餐前他會再逛一次。走動式管理的優點是，沒有什麼可以逃過吳敏求的法眼，他會一面看，一面問，偶爾也分享他當年的工作經驗，讓員工覺得可親，所以開高層會議時，他不會只聽一面之辭。

突破傳統框架的決策力

吳敏求是典型的工程師性格，理性、數字導向，一路念理工科系的他，對管理毫無涉獵，但他在公司經營管理上，非常有想法，自成一格。一九八九年，他除了帶領四十位工程師返台創業外，也將美國早已實施的週休二日制引進公司，因為他認為適當的休息非常重要，所以旺宏成立之初，就實施週休二日，這在當時台灣科技業是一個創舉。然而，他所帶領的這批留美工程師，包括他，大家幾乎都沒有管理經驗，又要如何帶領各部門？那時，吳敏求找來台灣知名管理學者，利用週休二日的週六，給大家上管理課，從管理基礎教起，但他後來發現，有些人是天生的管理者，一點就通，但有些優秀工程師不一定是優秀的管理者，學了半天也沒用。

但什麼是天生的管理者？他認為，就是敢做決定、敢承擔的人。他曾經接受媒體採訪，談企業接班人，他獨排眾議，指出許多企業以團隊接班的方式傳承，不論是五人決策小組，或是七人決策小組，他始終不認為共同執行長的概念可行。在他看來，企業決策時，最後一定要有一個「有勇氣拍板定案」的人。

他反對集體領導，認為決策應該由一個人負責，而這個人必須要有點獨裁性格，敢承擔成敗，才能在對的事情上義無反顧地往前衝。事實上，旺宏從成立之初，吳敏求就訂下一個不成文的規定，那就是十職等以上的員工或董監事的三親等，不能在公司任職。就連當年胡定華擔任董事長，他的女兒會計出身，也是進入別家企業服務。也因此，旺宏從來沒有家族傳承的接班問題，而是完全交由專業經理人管理。

之所以定下這樣的規定，吳敏求的考量是，管理團隊的子女長大後，如果都進入旺宏服務，公司要如何秉公管理？他曾經碰過以前旺宏的一位董事跑來質疑他的三等親不能進公司的規定，希望他的女婿能進到旺宏服務。當時吳敏求一口回絕，堅持規定就是規定。對方因此惱羞成怒，威脅要到董事會找他麻煩，吳敏求也強硬地回答：「沒問題，be my guest（別客氣）！」

品質來自細節與紀律

他的美式管理作風該親民的時候親民，例如對待員工，他從不用頭銜壓人，與大家融入一塊。但該強勢時，他也絕不妥協。他說，管理者要學會當壞人，恩威並用，有時，還要給員工一點 hard time。例如，在研發上，他會為員工訂立跳躍式的目標，逼出他們最大潛能，但是在研發過程中，他一定放手讓他們去嘗試，而且容忍任何錯誤，因為不去嘗試，怎麼知道結果，因為他認為，研發如果有管理的影子，就沒有發揮的空間。

但是任何與紀律有關的事，他一定不能容忍，因為這關係到產品品質。舉例來說，工廠裡有一定的工序，必須按部就班進行，一點都不能馬虎，如果有人自以為聰明，省略一步，就會被他辭退，因為忽視紀律。

他曾開除一個很有能力的主管，原因就是他在管理上，不斷容許一些沒有紀律的事情發生。而他認為，在生產裡沒有妥協，一個錯誤，很多的wafer（晶圓）就沒了。有人說，管理應該要抓大放小。吳敏求不這麼想，認為一個領導者，除了大方向要走得對之外，也必須重視細節，才不會因小失大。這個細節指的就是紀律。堅持紀律的結果就是，旺宏的研發工作做得很扎實，從不去想一步到位的取巧方式，而是一步步來，才能做出品質比別人高的產品。吳敏求認為，如果上位者不遵守紀律，做投機取巧的事，底下的人就會跟著模仿，這就是「上梁不正下梁歪」的道理，所以他更要堅持做對的事情。

只問問題，不給答案，重視邏輯思考力

在旺宏，跟吳敏求開會是一件讓員工很緊張的事。因為他邏輯能力強，善於提問，沒有準備充分的員工，簡報才放第一張，就會被他問到無法招架。開會時，他絕對不會告訴大家他在想什麼，他總說：「我很笨，不曉得這個要怎麼做，你告訴我怎麼做？有沒有競爭力？」報告過程中，只要邏輯不對，就會被他攻陷。

他承認自己是一個沒有耐心的人，為人黑白分明，就連問問題，也希望得到明確答案。如果員工的回答開始繞圈，他會立刻要對方打住，想清楚再來報告，不要浪費大家的時間。所以員工跟他開會前，都會事先演練好幾遍。

吳敏求說，他的員工都很聰明，他自己也不是什麼都懂，有時候一個問題，他自己也沒想清楚，或是沒有任何想法，所以一定要透過不斷問問題，刺激大家思考，自己也能從中獲益許多。台灣許多企業的管理方式習慣上令下達，但旺宏的ＤＮＡ是創新，大家一起動腦解決問題，才能學到東西。尤其，如果開會時，老闆就先表示意見與方向，只會導

致一言堂，底下員工就不會想其他的方向，因為不敢忤逆老闆的想法。所以開會時，他只會提問，卻從不給答案。

他雖然從沒學過管理理論，但很善於觀察人，懂得掌握人性。例如，開會時，碰到問題，大家喜歡找代罪羔羊，沒來參加會議的人很容易被指為是問題源頭。吳敏求就會乾脆把沒參加會議的人叫來，告訴他剛才會議上同事都說是你的問題，給你一個機會為自己辯護，結果讓大家都不敢亂找代罪羔羊。

他認為領導者的工作之一，就是要讓大家合作，不是各自推諉責任，但這也是最難的工作，因為每個人都有本位主義，在心態上傾向「我的東西不要別人碰，別人的東西我也不想碰」，結果是沒有人伸手解決問題。曾經有兩個團隊的領導人，分別負責研發與設計部門，都是國外名校畢業，能力非常好，但是兩個團隊天天吵架，誰也不服誰，到最後甚至都不講話，彼此不信任的結果，就是做不出任何成果。後來他忍痛將兩個領導人調離原來部門，因為能力再好也沒用，彼此只會互相對抗，而一個公司需要的是團隊合作，才能真正做出成果。

在用人上，他也有自己的哲學。他給人力資源部門幾個招聘人才的原則。首先，新鮮人無論是大學或是研究所，都不看在校成績。第二，測驗邏輯能力。他告訴人資同事，有的學生在校愛玩，還能畢業，代表他的資質不差；甚至當他真正用心在專業上時，表現會非常好。他認為頭腦靈活的人，念哪個學校都不重要，在校成績不能拿來做為選才標準。

之所以堅持考邏輯，是因為旺宏是注重邏輯思考的公司，不僅吳敏求本身非常重視邏輯思維，無論是擬定策略或是研發方向，也都是以邏輯出發，所以希望找到個性相符的人進來，只要通過邏輯能力測驗，在校成績不好也沒關係。吳敏求不在意在校成績，也反映在他認為ＫＰＩ的績效考核不代表一個人的能力，只能當參考；他認為ＫＰＩ會限制員工創新，所以研發人員如果有致力的研究方向，他會放手讓他們去做，不會用ＫＰＩ限制他們。

Chapter 8

雙贏取代輸贏：

親上談判桌，
員工眼中的「super sales」

業界用「孤鳥」、「獨行俠」來形容吳敏求的特立獨行，因為他從創業第一天就不應酬，自己找客戶、拚生意。每天早上四點起床，晚上八點前就寢，週一到週日都在工作，連他都承認自己是一個無趣的人。

他說，吃吃喝喝對他沒有用，最終，公司要賣的是能解決問題的產品給客戶，為什麼要去做無謂的應酬，甚至把身體都吃壞了，他的人緣不好，就算因此樹敵，他也不在乎，只要客戶滿意就好了。他認為，一個人的時間有限，要把力氣放在對的地方，用在如何讓旺宏的產品成為業界第一、最具競爭力，至於同業怎麼看他不重要。

他的經營理念很簡單，一是把員工照顧好，大家共同把事情做好；二是把客戶照顧好，因為客戶會為公司帶來利潤。至於其他無謂的應酬，他無心經營。

超級業務員，只做平等的生意

一九八五年在美國留學時就認識吳敏求、現在是旺宏業務副總的莊永田說，他返台工作後，與當時吳敏求和友人在美國開設的一家小公司有生意上的往來，一九八九年年底旺宏成立，隔年三月他就加入旺宏，擔任業務工作。

「我們都稱老闆是『super sales』。」莊永田見證了旺宏從無到飛躍性成長的過程，他非常佩服吳敏求的談判力。吳敏求很重視客戶經營，每一季都要花兩週的時間到全球各地拜訪客戶。不喜歡休假的吳敏求，甚至連舊曆年期間，都乾脆安排自己去全球拜訪客戶，回來正好年假結束。莊永田說，吳敏求除了跑客戶很勤快之外，在產品價格談判上，也非常有說服力。他的說服方式不是去爭你輸我贏，而是告訴對方旺宏的價值所在。

跟客戶談判前，他會先跟業務談策略，討論這個客戶的需求在哪裡，旺宏可以提供什麼價值。相較於一般業務談的多半是競爭者的產品多少錢，但吳敏求卻是告訴對方：為什麼你應該要買旺宏的產品？以及旺宏目前還在做更多創新的東西，未來可以提供更好的東西給客戶。

莊永田表示，在旺宏擔任業務工作其實並不輕鬆，因為旺宏的產品價格較高，吳敏求給他們訂立的目標也很高。每次談生意前，吳敏求定的產品價格都讓業務覺得不可能達到，但事實上，每次跟客戶談完旺宏價值後，客戶都願意接受吳敏求提供的價格。對吳敏求來說，所謂的好客戶，態度很重要，不一定是大公司才叫做好客戶，而是必須重視旺宏的產品價值。有的大公司喜歡砍價格，只要別的供應商提供低價就選擇，但在旺宏，即使是小公司，只要看重旺宏的價值，願意長期合作，對他們來說就是好客戶。他指出，以蘋果這樣的大企業，大家都想跟他們做生意，但是旺宏沒有跟他們合作手機生意，就是因為他們給供應商的價格太低，吳敏求拒絕簽這樣的不平等合約。

技術與誠信贏得長期生意

他以任天堂為例，外界都認為旺宏因為抓住任天堂這樣的大客戶，所以帶來不少營業額。但事實上，做生意是互相的，尤其日本人在生意上非常重視品質與信任，旺宏初期跟任天堂合作時，對方除了信任旺宏的產品技術與誠信外，也因為旺宏不斷精進技術，到後來，任天堂只要開發新一代的遊戲產品，就會先問旺宏是否可以提供相關零件，而旺宏總能做到。

換言之，以前是走在客戶後面，跟競爭者競價，到後來卻是，客戶的產品在開發初期，就邀請旺宏一起加入研發，這就是吳敏求建立的長久信任關係。多年來，任天堂一直是旺宏最大的客戶，旺宏每年六〇%的營收都來自這家公司。一開始，雖然任天堂是基於美日貿易逆差，必須購買美國產品，吳敏求在美國的公司又是唯一能賣給任天堂產品的美國公司，但是旺宏有強大的研發能力，才是任天堂願意繼續投資及長年購買旺宏產品的原因。

例如，在N 64這款任天堂遊戲機的主機系統裡，需要一個先進的Rambus clock chip，旺宏幫它設計出來，獨家提供幾十億個IC；又或者幫任天堂設計開發新的ROM，降低成本。這些都靠旺宏多年來累積的研發實力，才能做到。

此外，為了感謝任天堂多年的信任，每年元旦，吳敏求都會帶著管理團隊親自飛往日本拜會任天堂的會長。每年送出的拜年禮物，都是吳敏求絞盡腦汁想出來的創意。第一年，他到鶯歌買了一塊石頭，上面提有兩個石蟹，他跟日本人說，「蟹」發音同「謝」，兩隻螃蟹，代表「謝謝」的意思。日本人很吃這一套，覺得很有學問。有一年，則是他在蘇州看到著名的蘇繡，立刻請人繡上丹頂鶴的雙面繡，送給任天堂，因為丹頂鶴在日本被視為吉祥物。

為了每年送出有意義的禮物，他上山下海找遍各地，例如，新竹盛產玻璃，他就送過一個牧童吹笛的玻璃製品給任天堂，吳敏求笑說，三十多年來，他找到江郎才盡，現在交由一位嫻熟日本文化、負責日本事務的同事來執行。

旺宏從創辦之初，當時的董事長胡定華就規定，凡是公司牆上掛的所有畫作，都不准使用複製品，一定要用原作。吳敏求說，這是一種經營態度。或許有人認為他過於特立獨行，但也歸因於他的成長過程。他說，他跟很多成功人士有很多不一樣的地方，他的成長過程裡，無論求學或生活，從來都不是一帆風順，因此養成他凡事靠自己解決問題的獨立個性。

曾任任天堂公司研發團隊最高領導者竹田玄洋先生（二〇一七年榮任特別顧問）回憶與吳敏求認識的過程，他表示，任天堂開始採用旺宏的記憶體時，他就認識了吳敏求，當時他是研發部門的主管，起初可以說完全不認識旺宏電子，經由與任天堂有生意往來的MegaChips公司的介紹，才知道旺宏是一家記憶體製造公司，擁有高超技術，並且具備成本競爭優勢的MASK ROM，可以循序讀取CD-ROM。任天堂認為旺宏擁有記憶體技術的特殊性，MASK ROM適合用在當時的N64（任天堂一九九六年在全球上市的電視遊戲機）遊戲軟體儲存卡，因此便與旺宏接觸，成為記憶體的提供廠商。他對雙方長久以來的合作，感觸最深的是，大家在生意上創造了雙贏，旺宏是非常值得信賴的夥伴。

吳敏求凡事都自己找出路，但他也表示，由於領導者經常要做決定，最大的痛苦在於，有時不知道決定做下去，到底是對，還是不對，這時就必須靠直覺判斷，當機立斷，然而這種直覺的培養，跟他成長的過程有很大的關係。

Part 2

養成：少年，就能一個人解決問題

「我天生有一個長處，碰到問題會自己去找辦法，這讓我跟別人不一樣。」——吳敏求

Chapter 9

邏輯是最好的武器：

從小獨立，培養出解決問題的個性

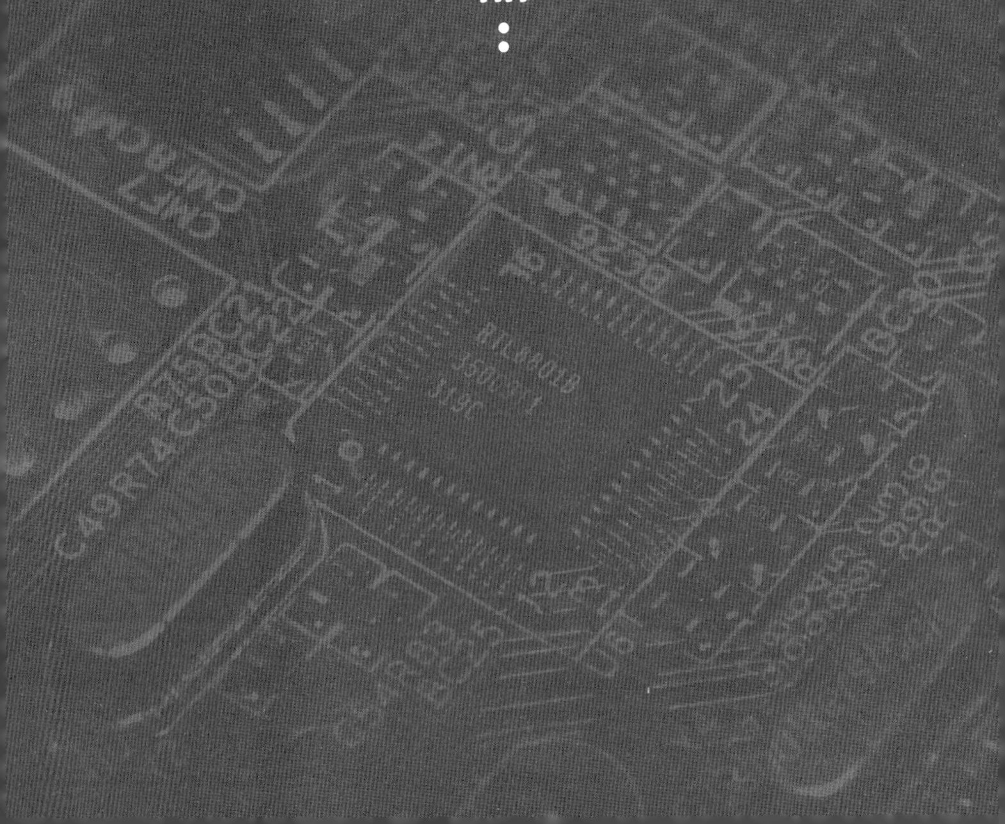

吳敏求個性獨立，碰到問題，永遠想的是如何靠自己解決，他這種不求人的個性，頗符合他的名字，吳敏求以台語念，諧音正好有「毋求人」的意思。

他雖然不愛應酬，廚藝卻相當好，會煮許多拿手好菜，從滷味到各式菜色，都難不倒他，過去也經常在忙碌之餘，抽空下廚給家人吃。事實上，他從國小就會煮飯，十二歲念初中時，參加炊事比賽，還抱了一個冠軍回來。在加拿大攻讀研究所時，很多留學生連鹽跟糖都分不清楚，又吃不慣外國食物，每天晚上就會跑到吳敏求的住處，吃他親手做的料理。

少年家貧，練出堅強韌性

他在家中排行老大，底下有兩個弟弟與一個妹妹，各自相差四歲。他的獨立個性自小養成，當時家裡窮，有時父母又吵架吵得厲害，沒人下廚煮飯，弟妹餓得一直哭叫，他也沒有錢出去買飯給弟妹吃，才逼著自己學會煮飯，靠著從小在廚房觀察大人如何烹飪，無師自通，經常做給弟弟妹妹吃。

至今他還記得小時候家裡有兩種爐子，一個是煤油爐，底下有一個裝煤油的容器，用棉線將油帶上去，再將鍋子放在上面煮飯；另一種是煤球爐，爐子裡放著一個有許多蜂窩般小孔的圓形煤球。煤油爐煮東西，火力小，食物煮出來比較香；煤球爐難點燃，但是點燃之後，火力會愈來愈旺，很適合用來做飯。

在那個沒有電鍋的年代，家家戶戶都是以煤油爐或煤球爐做飯，但是煤球爐的火力不好控制，經常會出現所謂的「三層飯」，也就是底層是焦黑的飯，中間是熟飯，上層則是生米。吳敏求很自豪自己的手藝，煮出來的都是一層飯（全都煮熟，不焦黑），而且香味四溢。因此，上初中時，參加炊事比賽，別人都不會生火，他用樹枝生火，輕輕鬆鬆就煮完一大鍋飯。

一九四八年出生的吳敏求，出生於大陸安徽省的繁昌縣，這一年，國共內戰打得正激烈。他的家族世代都在繁昌縣，祖上清朝時曾為官，南京有許多地方曾是他家的封地，後來因為一代不如一代，祖產逐漸被敗光，到了祖父那一代，在繁昌縣擔任相當於現在的警察局局長，這樣的身分可想而知，在國共內戰時，風險很大，所以吳敏求剛出生沒幾個月，祖父就叫父母帶著他南下避難。

於是，年輕的爸媽帶著剛出生才幾個月的他，從安徽一路走到上海，再往南到福州，當時交通十分不便，非常辛苦，到了福州後，一家三口疲累不堪，也顧不上嬰兒的營養，於是剛出生的吳敏求開始生病。

在福州，他們舉目無親，父親天天跑到當時叫做馬尾的軍港，看看是否可以碰到熟人。當時很多軍艦都在這個港口補給，如果有認識的人在軍艦服務，就可以順道跟他們一起走。沒想到後來竟然在軍港碰上父親的哥哥所服務的軍隊也在該處補給，立刻將他們接到軍艦上。

但軍艦開到海南島時，吳敏求在船上已經病得奄奄一息，幸好下船後，在海南島碰上一位中醫，竟然將他救活。後來軍隊打算在海南島開戰，又用船把軍眷全都載走，從海南島一路開到台灣基隆，從此一家人就落腳在台灣。這些都是吳敏求事後聽父母轉述當時的情景。

他的父親在安徽家鄉時，原本希望選縣長，因為避難來台，改為擔任教職，在高中教授國文及三民主義。當時教職的薪資十分低廉，他們跟著父親一路調職，從台北縣調到新竹，又從新竹調往南投，國小五年級以前的事，吳敏求多半都不記得了，但卻對五年級之後在新竹東園國小念到畢業記憶清晰，因為他父親那時在新竹女中教書。

從小展露數學天分

吳敏求從小就活潑好動，喜歡戶外運動，他的班導師叫做許明欽，這個名字許多新竹人並不陌生，因為許明欽曾帶著三個弟弟成立自行車國手隊，人稱「許家班」，是新竹自行車運動的創始元老。不過，許明欽擔任班導時，還沒有組自行車隊，在校內帶的是躲避球運動，擅長運動的吳敏求下課後就在操場上玩球，東園國小後來還曾經拿下全省躲避球賽冠軍。

他很早就展露數學天分，在班上常拿高分，許明欽回憶，吳敏求從小就是一個努力、謙虛、好學又合群的學生，他專心學業的模樣讓很多老師都印象深刻。吳敏求還記得，有一次老師不在，班上同學吵翻天，結果老師回來見狀，立刻要大家考數學，十題通常給一個小時，但因為當天老師太生氣了，半小時就收卷，吳敏求十題裡總共答對八題，剩下兩題沒時間寫。

他雖然是班上最高分，但有兩題沒寫，被老師叫上台，用藤條打了兩下，並要高分的人拿藤條去打其他考不好的同學。吳敏求笑說，那時他個頭小、沒力氣，又不敢真的打同學，只輕輕打幾下，沒想到老師看他打得太輕，又叫他上台，再打他一次，示範給大家看。他沒想到，自己考最高分，竟然是被打得最慘的那一個，讓他記憶深刻。

吳敏求雖然畢業於成大電機系及研究所，又是美國名校史丹佛大學的碩士，但他強調，他的求學過程並不順遂，總是比一般人多繞了幾個彎路。他的邏輯能力雖強，但是記憶力不佳，只要鬆懈，就會考得一塌糊塗，不像有些天之驕子，一路從建中念到台大。

東園國小畢業時，班上只有兩位考上新竹中學，他是其中之一。但竹中才念一學期，他就因為父親轉調到南投中興中學教書，只好跟著轉學到中興中學就讀。中興中學當時是台灣省政府管轄，教職人員可以在省政府所在地的中興新村宿舍居住。吳敏求初一下學期轉學過去時，教職人員宿舍還沒蓋好，他們先在草屯住了半年，每天通車上學，初一結束時才搬進新宿舍。中興新村是台灣第一個實施都市計畫的所在地，仿照英國倫敦新市鎮的模式來建造，在他的印象裡，環境非常優美。當時他們家住在環山路上，依山建造兩層樓房，樓上、樓下各兩間，每個單位住一個家庭。

或許是轉換了環境，他變得不太愛念書，初三交了幾個愛玩的朋友後，就更無心念書。但他自己沒想到，台中聯考時，他竟然一間學校都沒考上，當時打擊很大。落榜後，他只好回到中興中學去念夜間部，白天，父親幫他找了幾個老師補習，一學期後，參加台中一中插班考，他以第一名錄取。

他在台中一中的數學成績一直很好。剛插班考進去時，第一次全班月考，只有他兩個數學科目分數都是一百分，讓同學很震驚，因為台中一中的學生都相當優秀，誰也沒想到，竟然會被一個插班生打敗。

他的父親因為他考上台中一中，也調職到台中一中任教。他在台中一中的數學成績相當好，他因為反應快，很會解題，不僅常參加數學競賽，數學成績也名列全校前幾名，高三時也就認為未來非數學系不念。多年後他回想這一段，覺得數學好讓他產生一個錯覺，以為自己喜愛數學，以至於後來考大學，也以數學系為優先科系。

或許命中注定他要走上半導體這條路，大學聯考時，數學的測驗時間是一百二十分鐘，最快六十分鐘後才可以交卷，他三十分鐘就寫完數學，寫完後沒事做，又不能交卷，只好再把題目從頭到尾檢查一遍，結果有一題二十五分的計算題，他看了看自己的答案，想到上一屆考題，有一題答案是無解，於是他就把原先答對的答案改成無解。結果，他的大學聯考數學成績本來可以拿滿分，因此少了二十五分。

巧合的是，當時他一心想念數學系，所以選填大學科系時，只填了十九個志願（可以填到一百多個志願），第一志願是台大數學系，第二志願是清華數學系，第六志願則是成大電機系。因為二十五分之差，他跟清華數學系差了兩分，結果被分發到第六志願的成大電機系。吳敏求笑說：「就這麼糊里糊塗考上了成大電機系。」

他的父親在高中教國文與三民主義，但吳敏求大學聯考每個科目都考得不錯，只有國文與三民主義只考了六十幾分，後來他的父親以他為例，告訴學生說：「不要小看國文與三民主義，考得好就到台北，考不好就到台南去了。」

如今回想，當年考數學時，他如果寫完就直接趴在桌上休息，不去檢查考卷，就能考上台大數學系，人生從此也就走上不一樣的道路。後來他進入成大電機系，對半導體的世界產生興趣，慶幸老天安排他走上這條路，因為後來他發現自己其實不是念數學的料，雖然他高中數學成績優異，但很會算數，不代表數學好。他表示自己缺乏對四維空間的想像，如果念了數學系，充其量只是好的數學老師而已。

領導球隊，喜歡挑戰困難的事

二〇一九年，旺宏捐贈了四點二億元給成功大學，興建「成功創新中心—旺宏館」，創下成大創校以來單筆最大的捐贈金額。不僅如此，在旺宏館落成後，旺宏將再捐贈十億元，分十年提供給館內設立「敏求智慧運算學院」，投入與AI技術相關的研究。兩項加起來，旺宏總共捐贈十四點二億元給成大。

當初，誤打誤撞進入成大電機系就讀，後來一路念到成大電機工程碩士畢業，在成大六年的念書時光，讓他對成大有很深的情感。他剛進大學時就參加天主教同學會，因為從小經常陪母親上教堂，很自然信奉天主教，在社團裡不僅結識了未來的妻子，也學習社團活動的籌劃。他至今記得，當年成大學生最提心吊膽的「黑色星期五」，因為早年成大有一個規定，每週五下午，理工學院的學生放學後，必須到學校格致堂參加共同科目大會考，考試科目包括微積分、普通物理、普通化學等等，如果測驗成績不好，週末心情就會受到影響。

當時理工科的學生都稱「格致堂」為屠宰場，因為考試非常嚴格，有四分之三的人會因此被當掉，所以早年成大有一句話說，能從格致堂走出來的人都不簡單，因為很多人在裡面都被「痛宰」。但也因為經歷這種嚴格訓練，成大理工科畢業的人功夫都很實在，這棟建築也成為早年成大學生記憶深刻的地方。

從小就熱愛運動的吳敏求，進了大學後，也花了很多時間在各類運動上。大一他就自組台中一中校友隊打新生盃，因此接觸到各類體育活動。大二開始，他每天下午都在體育場練球，當時無論是籃球、棒球、足球、各種田徑比賽，甚至一百公尺及四百公尺跨欄，他都從系內打到校際賽，並在各項領域拿到獎牌。

當時他擔任體育幹事，常帶著大家一起練習，為了提高大家練習的意願，每次練完跑，他就會將系上提供的雞蛋，發給每人一顆，補充大家的營養，在那個貧窮的年代，雞蛋的吸引力頗大。他尤其喜歡難度高的運動，他說：「我這個人天生喜歡找困難的事做，因為困難的事情參加的人少，機會比較多。」

大學四年，吳敏求只要求自己在幾個感興趣的科目上拿高分，其他科目，通過就好。其中大三才開始的半導體課，老師吳添壽不僅教學活潑，對學生也有問必答，他這才領悟到，相較於重視理論的數學系，追求創新的電機系更適合他的個性，於是那時就決定半導體是他未來要走的路。

當時，半導體在台灣還是很新的概念，就連授課老師也是一面讀，一面教學生，吳敏求說：「台灣最早開始教半導體就是我們那個時代，我從那時候開始才對半導體感興趣，這一生選了半導體就沒有改變。」

留美念書及工作多年，吳敏求說得一口流利英語，他帶著業務全球走透透談生意，親自上場簡報，也是靠著一口流利英語。但他大學唯一被當掉的科目，卻是大一英文。他天生邏輯分析能力強，但是記憶力不好，他說每次嘗試背英文文章，總背不下去，經常背了後面就忘了前面，也因此，大一英文小考兩次，他兩次成績加起來才四十分，雖然期中及期末考成績加起來有一百五十分，但是跟兩次小考一起平均，就變成不及格，必須重修。然而，他的留學考試，英文卻一次就通過，這是因為一九七〇年代的英文留學考，考的是翻譯詩詞，因為不必死背英文單字，他反而輕鬆過關。

邏輯思考力強，校園裡的橋牌好手

大學時，運動之外，吳敏求也喜歡動腦的靜態活動，他大三開始學橋牌，一路玩到研究所一年級，研二時，甚至已經成為橋牌校隊，代表學校打進大專盃，後來還在大專盃橋藝錦標賽六十六個參賽隊伍中，拿到第六名佳績，這個嗜好也成為他一生的興趣。

赴美念書後，一直到創業的前十年，因為課業與工作忙碌，他沒有再打過橋牌。但二〇〇〇年，他擔任台灣橋藝協會理事長，重拾打橋牌樂趣；二〇〇四年，還曾帶隊到北京參賽，最後竟然打敗對岸的棋聖聶衛平，拿下冠軍。吳敏求很清楚自己是比賽型的選手，擁有過人的爆發力，挑戰愈大，難度愈高，反而會激起他非贏不可的決心。

吳敏求的大學生活雖然體育活動多采多姿，但他表示，自己不是擅長社交的人，運動通常參加完就離開，很少跟人互動，但也養成他善於觀察人的個性。

他說現在回頭來看大學四年，如果人生可以重來一次，他會選擇念物理系，研究所再念電機。因為他知道大學其實在學基本原理；基本的原理通了以後，做任何工程都很容易。尤其，對他們這種學工程的人而言，大學若沒接受基本物理的訓練，對很多事情只知計算，就會知其然，而不知其所以然，問題就產生了。

當時台灣理工科系的學生著重在基礎工程的學習，人文課程少有涉獵，大家也不認為重要。吳敏求後來回成大演講時，往往十分鼓勵學弟妹多選修人文相關課程，他總以自己為例，正因為大學過度投入理工，進入社會工作後，在人文知識上摸索得比較辛苦，像心理學、理則學都是他覺得工作上也會應用到的知識。

除此之外，當時大學所修習的科目，除了專業之外，對他後來的創業幫助都不大，所以他鼓勵有創業念頭的學生，應該要多去修習財務相關課程，將來才能讀懂財報。他也建議研習法學相關課程，因為創業必須懂基本的法律常識。理則學學的是邏輯與推理，也很重要，因為當你邏輯不通時，做事就會做不好。而很多研發工作，在他看來，基本上就是數理運算，邏輯想通了，就解得快；如果想不通，反而愈做愈複雜。

生活貧苦萌生創業之志

因為父親長期從事教職，薪資低，家裡窮困，所以大學時，他就萌生創業念頭，但真正讓他下定決心創業，卻是在史丹佛念研究所時期。

由於家貧，他念台中一中時，每天打開便當，都只有白米飯，別無其他，因為父親是軍公教人員，當時有白米飯的配給，所以他每天都會到福利社買一碗非常便宜的油豆腐湯，裡面有兩塊油豆腐，天天這樣配著他的白米飯吃，就這樣吃了一陣子。

剛進大學時，從台中南下到台南，住在學校宿舍裡，繳完一個月兩百四十元的伙食費之後，他就沒有任何一毛錢了。當時他很瘦，運動量又大，為了喝上一碗有油水的湯，每週一上午第四堂課，無論任何課，他一定不去，因為每週一中午，學校自助餐廳裡會重新熬煮一鍋新鮮的骨頭湯，上面的油水最多，而這鍋骨頭湯會重複熬煮一個禮拜，等到週五，已經變成淡而無味的清湯了，所以他會趕在每週一上午第四堂，學生自助餐廳一開門，就去喝上一碗最新出爐、浮著最多油花的骨頭湯，給自己補充營養。

他指著一張黑白相片上，一個高瘦的年輕學生站立在大樓外，笑說：「你看，我年輕時這麼瘦。」大學時，他身高一百七十公分，體重才五十公斤。大四時，家裡窮得連伙食費都沒辦法供給他，他只好跟室友，也是高中最好的同學借錢，這一借就是一年，畢業後，考上研究所的他選擇七月先去當兵，年底一領到五個月的薪餉，就原封不動立刻還給同學。

他感嘆說道：「我的求學時代是很苦的。」

Chapter 10

天生的管理者：

軍中初露鋒芒，不畏承擔責任

一九七〇年，吳敏求從成大畢業，大四他就已經考上成大電機研究所，打算繼續朝這個專業領域深耕，不過他保留學籍，選擇先去當兵，認為當完兵再去念研究所，反而比較自由，因為畢業後可以立刻工作。當時他抽籤抽到在高雄衛武營二軍團擔任通訊兵，在衛武營當了六個月的兵之後，就移防到清泉崗。

善用賞罰，管理有一套

吳敏求認為如果一個人沒有天生的管理特質，很難後天培養。他自己就是屬於天生的管理者，當兵時期他就嶄露頭角。

剛入伍的前半年，他都在運動場中度過，因為剛報到時，他說他的專長是打籃球，正好軍隊有籃球比賽，就立刻被派去比賽。打完籃球賽後，剛好又有陸軍運動大會，需要找選手參加，他因為大學跑過百米高欄及四百中欄，所以又被派去參加這個項目的集訓，並獲選為代表隊。

他還記得，那一期的預官都在旁邊進行入伍訓練，只有他每天從衛武營區坐軍車到高雄體育場參加集訓。當時，他只是一個小小的少尉，屬於階級很低的軍官，本來不需要值星，但因為排長剛結婚，想要多陪新婚妻子，連長問他是否可以代為幫忙值星，他一口就答應。值星時，有一次碰到一個小兵站衛兵，一人站兩小時再換人，沒想到，應該換人時，該來接班的衛兵卻沒來，吳敏求當時跟這個小兵說，你再站兩小時，因為臨時要從外面調動人很難，但是下一次站衛兵時，那位沒來接替你站衛兵的人，不僅要幫你站，還要處罰他。而他處罰這位小兵的方式是，晚點名時，特別點名這位小兵，半夜兩點到四點站衛兵。當過兵的人都知道，站衛兵最痛苦的時刻就是半夜兩點到四點，因為才剛躺下去沒多久就要起床，四點站完衛兵後，睡下沒多久又吹起床號，根本無法好好睡。果然，這個小兵立刻抗議，但吳敏求當下就嚴厲斥責，絕不寬貸。

不畏強權，據理力爭

他在管理上的鐵面無私，從來都不分官階。有一次，軍隊準備從衛武營移防到清泉崗，當時他是值星官，負責整個連的搬運與移防，移防的工作還包括將搬遷過去的東西卸貨。卸貨時，同時有兩輛大卡車開進來，一輛載有桌椅，另一輛載的是發電機。他找來無線電排與有線電排的兩排兵搬遷，無線電排負責搬運較重的發電機，有線電排則負責搬運較輕的桌椅，等下一趟兩輛大卡車來時，兩排再互換。

結果，負責搬運較重發電機的無線電排，工作比較努力，竟然比搬運較輕桌椅的有線電排更早搬運完畢。等到下一趟又來兩輛大卡車時，同樣也是一輛載有桌椅，另一輛載有發電機，吳敏求立刻要求互換。沒想到，有線電排因為還沒卸完桌椅，立刻抗議，表示第一趟的工作還沒做完，不應該讓他們去搬第二趟較重的發電機，吳敏求告訴他們：「那是你們的問題，這很公平。」但是對方卻不這樣想，看他僅是少尉頭銜，乾脆跑去向排長抗議。沒多久，排長就找上他，表示他們還沒弄完第一趟，建議吳敏求不要讓他們搬運第二趟較重的東西。

當時排長是上尉，他只是少尉，但吳敏求還是跟排長說：「你官階比我大，我知道你的想法，但我是值星官，由我決定。如果你要改變這個決定很簡單，你來值星，你要怎麼做我沒意見，但我是值星，就是我說了算。」吳敏求這一番說詞，著實令大家捏了一把冷汗，因為軍隊通常是長官說了算，他只是一個小小的少尉，為求公平正義，竟然敢直言不諱。

事後回顧當年，吳敏求說：「我就敢跟他這樣講，我覺得我對啊，沒有錯，所以他也不再囉唆了。」其實他也可以退縮，接受官階較大的排長關說，頂多就是被無線排的小兵抱怨不公平而已。但是他寧願冒犯長官，也堅持公平到底，這就是吳敏求的個性：堅持做對的事情，而不是把事情做掉。這樣的個性日後在商場上，他也同樣不妥協，始終如一。

另一方面，他也長於談判。有一年在台中潭子園區過年，連長跑來找他，因為新婚的排長想要回家過年，問他是否可以幫忙值星，他依舊一口答應下來。但是他跟連長說，他家也在台中，可不可以除夕當天晚上吃過晚飯後，給他幾個小時的假，讓他回家一趟，當天晚上就回來，連長自然也答應了他。當兵這一年（當時服兵役為期一年，後改為兩年）他發現自己頗有管理者特質，敢做決定，也敢承擔。

想方設法，為自己找出路

服兵役期滿一年，七月退伍後，他回到成大，住進宿舍，等待電機工程研究所開學。那時離開學還有兩個月，在宿舍裡沒事做，因為家境不優渥，他想著如何利用時間賺錢，正好與同學兼室友的劉志放（曾任台電電力研究所副所長）在圖書館的布告欄上看到出版社有一本《基本電工學》需要找人翻譯，他立刻跟出版社商談，如果給他兩萬元翻譯費，他可以在三個月內翻譯完畢。當時兩萬元是頗大的一筆錢，而且他說：「在台灣翻譯技術教科書，我是第一個人。」

那是一九七一年的夏天，他跟室友躲在宿舍裡，沒日沒夜地翻譯這本厚厚的原文基礎電工學，一個暑假就翻譯完畢，順利拿到一人一萬元的翻譯費。有了這一萬元的翻譯費，就可以供給他研究所一年的生活費，加上他進研究所後，也開始在其他學校教課。他曾經在台南家職教英文，在南榮工專教電磁波，生活終於開始穩定。

他雖然一心往半導體的路上學習，大學時就選修不少與半導體相關課程，但碩士論文卻是研究電磁波，這是因為研二時，他跟一位剛從國外回來的客座教授學習電磁波，發現原來電磁波的理論與半導體可以結合在一起。

吳敏求大學就萌生創業念頭，但尚未確定，特別是家裡貧窮的關係，原本他打算成大電機研究所畢業後，先找工作賺錢，沒想到研二時因為研究個案需要，去學長的公司參觀，結果發現理工研究所畢業生的出路，竟然是在工廠裡當工頭，管女工，讓他覺得浪費所學專長，於是打消了畢業後就上班的念頭。

然而，不當工頭，要做什麼？剛好，當時他的女友因為依親關係，準備永久移民到美國，他那時有兩個選擇：一是分手，二是也跟著到美國。於是他決定到美國留學，但是現實的問題來了，第一，留學要一筆錢，他連留學要繳交的保證金都沒有，當時他父親一個月的薪水才四十美元，養家都不夠了，更不可能資助他去留學。第二，到美國留學要考托福，他之前想都沒想過出國留學，當然也沒考過托福，臨時才決定出國念書，托福成績該怎麼辦？

吳敏求說：「我的個性就是當我設定了目標，就會勇往直前。」既然決定出國念書，他開始想辦法自己找錢。他先跑到當時台中的美國新聞處圖書館找留學資料，看看哪些大學可以不必考托福就能去。美國很快就被排除，因為必須考托福，他很幸運找到兩所大學。第一所是加拿大前三大的學校，也就是著名的麥基爾大學（McGill University），不只不必考托福，還給他獎學金；第二所是位於英國北邊一個工業城、頗負盛名的格拉斯哥大學（University of Glasgow），但只給他入學資格，卻沒提供獎學金，吳敏求於是決定去念可以提供他獎學金的麥基爾大學電機研究所。

在出國前，他甚至還到成大圖書館找到一本原文的電磁學，詢問書商是否願意出中文版，他可以翻譯，並且用三個禮拜，趕在出國前將它翻譯好，拿了五千元翻譯費，加上請父親找同鄉幫忙，將一筆錢暫時存入他的戶頭，才解決了出國的財力證明。至此，總算達成出國目標。

吳敏求說：「我天生有一個長處，碰到問題會自己找辦法，這讓我跟別人不一樣。」他找辦法的方式，就是先設定目標，然後盡全力去做，自然水到渠成，這也是吳敏求一路走來，面對問題的始終態度。

Chapter 11

這輩子最用功的兩年：

史丹佛給的創業養分，受用一生

一九七三年，吳敏求自成大電機研究所畢業後，當時全球正面臨不景氣，班上留學的人不多，他是班上最早出國念書的學生之一。那年九月，他啟程前往加拿大麥基爾大學攻讀研究所。麥基爾大學不僅是當時加拿大排名前三名的大學，也是加拿大最古老的學府之一，擁有兩百多年歷史，有「加拿大的哈佛」之稱。

吳敏求念的校區位於皇家山腳下的蒙特婁市中心，校園風景優美，但因麥基爾大學的學生宿舍不多，他只好住在州政府所蓋、可供學生申請為宿舍的地區，此處正好鄰近著名的聖凱薩琳街商業中心，觀光客絡繹不絕。

為了練習英文聽力，加拿大冬季有一個著名的冰上曲棍球運動，蒙特婁隊又是很強的隊伍，喜歡運動的吳敏求，逼自己每天看球賽，要自己盡量不去翻譯，以習慣英文的語速。他說，尤其是冰上曲棍球，球員在冰上一邊快速傳遞黑球，一邊說著極快的英文，很有學習效果，球賽報導聽久了，自然而然就習慣語速。

從來沒有補過英文的吳敏求，在英文學習這條路上都是靠自己找方法，他認為學英文最難的地方就是忙著翻譯這一句時，人家已經又講了好幾句了，所以他發現不要翻譯，試著讓自己融入在英文的語速裡，習慣速度，學習就會更上手。

轉入高手如雲的史丹佛，確定創業路

吳敏求到了麥基爾大學後，女友特地從美國到加拿大與他結婚，結完婚後，兩人一起到美國尼加拉大瀑布短暫遊玩幾日，坐CN火車返回蒙特婁，當時他身上只剩一百元加幣。麥基爾大學雖然是一所好學校，但他入學後聽同學說，這所學校光是碩士就得花三年才能念完，遑論博士班，可能八年都念不完。當時因妻子已有美國居住證，於是他決定從加拿大轉學到美國念研究所。

那時他申請了兩所頂尖的美國大學，一所是史丹佛大學，另一所是麻省理工學院。有一天接到史丹佛大學來電，表示願意提供他獎學金，歡迎他來就讀，但必須要再考英文。他對史丹佛的人說，他已經在英語國家念了一學年的課，英文應該沒問題。史丹佛於是邀請他過去口試，如果通過，就不必考試。

口試很順利，美國人認為英文只是念書的工具，能聽、能講就足夠。事實上，他在麥基爾大學時，做實驗所有的材料都必須靠自己打電話跟廠商訂，老師不會幫忙，等於是逼學生自己練習溝通，對他的英文有很大的幫助。

離開麥基爾大學之前，吳敏求找教授商談，畢竟在麥基爾已經念了一年研究所，放棄有些可惜，他跟教授說，如果學校能在九月前讓他拿到碩士學位，他就留下來不走，因為史丹佛大學的註冊是九月，可以無縫接軌。但麥基爾的碩士班至少要念三年以上，縱使他的成績不錯，教授也只能答應他最快該年十二月拿到學位，他只好離開。

一九七五年，吳敏求繞了一個大圈子，終於如願來到美國念書，而且是在位於矽谷中心、創業風氣鼎盛的史丹佛大學，他攻讀的是與半導體相關的材料科學工程研究所。當時，鄰近矽谷的史丹佛大學非常鼓勵學生創業，部分校園甚至規劃成立了科技產業園區，師生都積極投入創業研究。

正是在這樣創業氛圍薰染下，原本大學時只萌生創業念頭的他，到了史丹佛便確定了將來要走的創業路，也選修了與半導體產業相關的專業課程。吳敏求表示：「太太說我念史丹佛那兩年，是我最用功的時候。」他見識到名校裡高手如雲，因此壓力極大，教授上課更是毫不馬虎，第一天上課就指定作業，開出許多閱讀書籍，回家就得開始苦讀。當時，一個學期共十週，每三週一次小考，十週後大考。吳敏求自己也認為他人生最用功的時候，就是在史丹佛念書的那段日子，幸好那時他已經結婚，生活有另一半打理，可以專心念書。

雖然他有史丹佛提供的全額獎學金，學費全免外，平常每個月生活費大約兩百八十美元，暑假期間三個月，每個月提供五百五十美元生活費，但加州生活費昂貴，妻子得出去工作貼補家計。

美式教育讓他重新看待學習

在史丹佛念書，吳敏求才真正體會到什麼是學習。台灣的老師都是教學生如何計算，只要差了一個小數點就算錯，還要努力背公式，但在史丹佛，老師完全在講觀念，計算不是最重要的事，考試要參考任何公式都歡迎，最重要的是你概念是否清楚。

他記得有一次小考，他沒有一題答得出來，考完臉色都變了，心想這次慘了，可能會拿零分，沒想到，最後教授給他的分數竟然是B，因為教授覺得他在解題過程中的想法是對的。這個分數帶給他很大的衝擊，讓他重新看待學習這件事，也影響他日後用人及開會的態度。他用人不看成績，因為他不要死讀書的人，頭腦靈活、邏輯思考力強，才是他重視的特質。開會時，任何提案都可以提給他，但是要想清楚做這件事的目的，否則會被他問倒。

吳敏求的青年成長過程，可說是跟著半導體產業一起成長。他念成大時，台灣才剛教授半導體課程。台灣真正做半導體產品是從一九八〇年代開始，從國外移轉技術進來，他親眼見證這個行業如何從艱苦走到叱吒國際的現在。

他剛到史丹佛時，看見了美國半導體業被日本半導體業打得慘敗。他說，英特爾一直到一九九〇年之前都很慘，被日本半導體的低價產品打敗，直到做出CPU（中央處理器）才起來。這是因為日本人重視紀律，把設備弄得很好，做出品質好、又低價的產品；美國人比較大而化之，只求把產品做出來就好，這就是差別。他深感美國人的設計很厲害，創新力強，只是一做量產就做不過日本。

Chapter 12

有目的轉換不同公司：

主動爭取機會，學習如何創業

一九七六年，吳敏求從史丹佛畢業了。當時碩士畢業有兩條路，一是到企業工作，另一條路是繼續攻讀博士，然後擔任教職。他父親是教師，每天辛苦教書，領到的薪資卻很微薄，他覺得教書太窮，不想走這條路。

他對創業懷抱很大的夢想，但是他也很清楚，創業必須腳踏實地，尤其是在半導體領域創業，更是不容易，光是蓋一座工廠就要投入幾十億美元，遑論研發及購買機器設備所需的巨額資金，他得一步步來，先去工作，學習創業相關經驗與技術後，才能踏出穩健的第一步。尤其，他是理工出身，懂技術，卻不懂如何蓋廠及銷售產品，這些都要靠實際工作去學習才知道。

每一份工作都在為創業之路扎根

畢業後，他在當地找工作，一口氣拿到三個聘書，一個是研究室工作，一個是非半導體行業，另外一個則是與半導體相關的工作。研究室提供的薪資較高，半導體的薪水較低，但他選擇進入半導體業工作，因為他是帶著創業目的去學習。

讓他印象深刻的是，在台灣找工作，企業很重視學歷與成績單，總會優先僱用學歷好的人，但在美國，面試問的都是跟專業技術相關。例如，他第一次面談，面試官就拿了一個晶片，指著上面的氧化層，問他如何判定它的厚度，因為不同厚度，有不同反光顏色，主要在考一個人的專業能力，這個經驗也影響他日後選用人才，只看能力，以及在學校參加過什麼社團，不看成績。

由於抱定創業只許成功，不許失敗，他在工作職涯上，總是刻意讓自己多轉換不同公司，才能多觀察、多學習。他先到矽谷一家較傳統的半導體公司矽尼克斯擔任製程開發工程師，學習動手做的經驗；不久就轉職到規模較大的洛克威爾公司，學習不同的東西，繼續擔任製程開發工程師，並升任為副理。

一九七九年，他進入英特爾工作，擔任製程開發工程師，學習先進製程技術。雖然他的職務以研發為主，但是對於籌辦工廠及拓展業務等其他項目，只要有機會，他就會讓自己多方面接觸學習，他深知，理工出身的他，想要創業成功，不能僅憑技術，工廠蓋好後，如何銷售產品，也是一門學問。

他認為做一件事情，準備工夫很重要。第一份工作在矽尼克斯擔任製程開發工程師，當時他才二十七、八歲，同事每天早上九點來上班，他堅持比別人早一個小時，八點就到公司。到公司後的第一件事，就是勤讀各種專業技術雜誌與論文期刊。因為美國公司都放有各類技術性雜誌，甚至可以寫信去雜誌社申請免費贈閱。

他透過每天上班前一小時的閱讀時光，在無人打擾下，拚命吸收美國當時半導體的各種製程及設備知識，看到好的論文就影印下來，藉此了解在這個領域裡，大家正在做什麼？有哪些新的觀念出來？這個技術正往哪個方向去？因為大量閱讀最新論文與期刊，讓他可以將不同領域的技術連結在一起，培養了他預測未來專業發展的能力，面對客戶時，他立刻就知道對方正在進行什麼產品，加上他的動手能力非常強，而美國公司的好處就是自由度大，他的個性又勇於創新，經常主動進行新實驗，累積了許多實戰經驗。

碰到問題，一定找出解方

此外，吳敏求找問題的能力非常強，這個特殊的觀察力，讓他在美國企業擔任工程師時，經常因為善於洞察別人無法發現的問題，改善了製程，提高了生產率，一再受到公司重用。

例如，他在矽尼克斯工作時，當時公司有一個困難的技術交給他研究，別人都採傳統方法，用水跟氧氣去實驗，但都不成功，吳敏求則想到一個方法，將不同比例的氧氣與氫氣同時在管子裡燒，最後成功做出來。他事後想想，如果次序弄得不對，是會爆炸的，但這就是他的個性，碰到問題，一定會找出路解決，從不放棄。

後來他進入洛克威爾公司，當時公司遇到兩個製程問題，其中一個製程因為有問題找不到而延宕，沒有人願意待在那個計畫中，都跑到另外一個製程去，只有他一個人被分派到這組。於是他開始研究這個難題，努力找出問題所在，自己找測試工程師幫他做輸入及輸出的電壓測試，把做好的晶圓與壞的晶圓做比較，結果肉眼看不出問題來，他乾脆大膽假設，應該是晶片在高速甩乾時，產生化學汙染所致，結果這個理論被證實是對的，後來另一組晶圓計畫仍未找到問題，而他依舊很快就找出問題。

這種找問題的能力不但為公司省了許多錢，也讓他在進入洛克威爾公司不到一年就加薪超過三〇%，相較於一般人頂多加薪三%，可見他解決問題的能力有多強。

他在英特爾也表現優異，當時有一家新公司做了一個離子注入器，拿到英特爾來試，那時他是研發團隊的一員，就拿來試試看，看到數據他立刻覺得不對勁，重新再做測試後，發現裡面含有鋁離子，會造成分配不均勻，他於是建議這家公司要改成 SiC，果然，改過之後就沒問題了。

主動爭取外派，嘗試小型創業

此外，他在英特爾更曾經因為提高十倍以上良率的製程，替公司賺了不少錢，連英特爾的高階主管都大驚：「這個人是如何做到的？」當時他進入業界才四年，英特爾破紀錄拔擢他，但是升遷時，他與另一個印度人競爭經理位置，結果印度人勝出，原因是英語能力不如印度人，公司給他另外一個經理位置，但他對那項工作沒興趣，決定離開，也更加堅定他的創業路。

一九八一年，他離開英特爾，進入矽谷當時一家新創公司偉矽（VLSI），負責製程開發技術，以及協助蓋晶圓廠，讓他有很多機會學習如何建立一家新公司，從技術研發、生產線的建立，到技術移轉及行銷等，無論是工廠層面、技術層面，還是行銷層面，他都積極吸收。

由於偉矽當時是一家新創公司，公司只要買進設備，就可以讓工程師過去受訓。他總是主動舉手表示，是否可以送他去學習新機器設備的操作與維修，藉此熟稔蓋廠過程。有一次，偉矽將技術移轉給韓國，派一位韓國工程師去移轉，結果出了問題，花了好幾個月也找不出解決辦法；後來改派吳敏求去韓國，才去兩週他就把問題找到，並解決了。他說，多數人會借重自動化測試機台去觀察，但他不會，他習慣自己動手實際做測試，再細心觀察，才能在過程中發現別人察覺不到的事。

一九八四年，他在美國矽谷各大知名半導體公司已經工作多年，累積了豐富經驗，尤其專精於非揮發性記憶體領域，於是他決定離開偉矽，開始走上創業之路。起先，他與幾位友人在矽谷創辦一家小公司，做一些小的產品，進行技術移轉，嘗試創業，他可以算是第一個將技術移轉到東南亞、日本及台灣的人，也因為技術移轉的經歷，他曾在日本及韓國住了一段時間，看到了東北亞的製造能力。

看準時機，號召矽谷群雄回台創業

一九八九年二月，他因公返台，發現台灣因為股市大漲，帶來豐沛資金，加上台灣半導體公司以及學校都已經訓練了一批基礎人才，他開始思考，自己在創業上有哪些機會，尤其美國在創新設計上很強，台灣缺的是創新能力，如果他能夠結合美國設計優勢及台灣製造業能力，回台創業成功的機會就很大。

尤其，IC產業需要大量資金投入，很難在美國創投界取得資金；在生產方面，也需要許多人力投入，他認為美國人個性比較不適合投入生產，東方人比較適合，加上美國半導體業也逐漸不做生產，將主力放在設計。於是，如同前面曾提到的，他當時擬定了一個返台創業計畫給漢鼎亞太創投公司，強調旺宏要做的是產品，而非代工，因此獲得漢鼎總經理胡定華的支持。一九八九年，頂著「矽谷金童」光環的他，正式開始圓夢，他帶領了四十位來自半導體不同專業領域的工程師，返台創立「旺宏電子」。

不過，吳敏求的創業之路，從一開始就是一條寂寞的路。他出身普通家庭，出國留學全靠自己找錢、找資源。來到創業風氣鼎盛的史丹佛大學後，雖然師生都熱中創業，但他只是一個來自台灣的窮學生，既沒有當地人脈，更遑論資金，創業之路對他來說，挑戰重重。尤其，他選擇的創業領域是半導體，不僅人才、技術密集，更需要巨額的資金投入，通常得由政府扶植大企業才可能成功，只有他靠一己之力，從先精進自己的專業技術，累積足夠的創業經驗，再吸收志同道合的人一起加入創業團隊。

做困難、但有價值的事

返台創業後，他也不選擇當時半導體業盛行的逆向工程（reverse engineering）模式，也就是參考國外產品結構及規格，再複製出相同功能的產品。他選擇在台灣的半導體產業自創品牌，將美國ＩＣ設計模式帶回台灣，從零開始，堅持走一條無人走過的路，因為他認為，無論是代工或是抄襲別人的方式，都很容易被取代，只有將設計、研發、生產、行銷，掌握在自己手裡，靠自己的力量做出技術，才能與其他國際企業平起平坐談生意。

當時台灣幾個半導體大廠，包括聯電、台積電、華邦電子等，不是由工研院所成立，就是有財團在背後支持。他只是一個窮工程師，靠的是自己的技術與團隊。他說：「我走的就是我自己的一條路，不管它好，還是不好。」這條路雖然寂寞，但他相信自己朝對的方向前進。他沒有錢，但他用技術換現金，取得客戶認同，對他來說，客戶認同最重要，別人怎麼看他，不重要。

他承認自己有點難搞，但他看事情看得很遠，只是很多人以為他不受控，愛做什麼就做什麼。尤其是他將大筆的錢投資在研發上，短期看不出成果，不懂他為何繼續堅持。但吳敏求表示，做為一個新創公司，太短視近利就會產生問題，不投入研發，長久以後就沒有新產品。

跟在他身邊一起打拚長達三十年的旺宏產品設計及工程開發中心副總經理洪俊雄表示，企業的天職是賺錢，但是吳敏求是一個非常獨特的創辦人，有興趣的是提供市場有價值的產品，所以通常會做高規格的東西。他說：「我們研發產品，如果給他兩個選擇，一個是成本較低，但價值也較低；另一個是成本高，價值也高，他一定選第二個。」

旺宏的客戶跟他合作久了，都變成他的大客戶，從任天堂、松下到飛利浦、惠普（HP），都是美日一級大廠。吳敏求說，客戶尊敬旺宏，是因為客戶都是技術導向，所以感激旺宏不斷精進技術，彼此受益。

日夜奔走，成就旺宏十年榮景

他這種為了理想，不斷挑戰困難、拚命三郎的個性，從創業第一天開始，就是週一工作到週日，即使碰到舊曆年，他也不休息，照樣飛到海外拜訪客戶。旺宏成立一年後，業績就突破一億元；一九九六年，營收更攀升至一百億元；二〇〇〇年，創立十年的旺宏迎來最輝煌的時期，營業額大幅成長至十億美元，自有產品更累積了上百件專利。

媒體報導，旺宏之所以能有跳躍性的成長，是拜一九九九年全球電子消費產品大起之賜，但事實上，如果旺宏創業前幾年沒有照顧好客戶，就沒有後來的一飛沖天，因為生意是慢慢累積出來的。

創業十年後，吳敏求的事業達到顛峰，當時業界都封他為「半導體將軍」，因為他帶領旺宏成為全球成長最快速的半導體公司之一，然而，也因為第一個十年過度勞心勞力，全心投入在創業上，沒有休過一天假，他的身體在長期壓力下，出現了嚴重問題。

Part3

谷底重生：專注，勇敢砍掉重練

「我是戰士，要死也要死在戰場上。」

——吳敏求

Chapter 13

半導體鐵漢倒下：

創業十年從未休息一天，心臟不堪負荷

一九九七年，旺宏逐漸上軌道，吳敏求依舊沒有停下打拚的腳步，他繼續馬不停蹄到處拓展業務，但這時他開始有頭昏的毛病，出國旅行時，經常沒來由的眼前一花。這種徵兆愈來愈明顯，次數也變多，他便抽空到榮總看醫生，護士先幫他做心電圖，一看結果，立刻跟他說：「你趕快找醫師來救你。」

於是他隨即在榮總做顯影，看看心血管堵塞到什麼程度，結果一看，竟然長達一公分的血管全部堵塞，醫生跟他說，別人只要稍微堵塞一下就心臟病發，但他堵塞了一公分，竟然沒出事，真是命大，而這種情況只有一〇%的人會碰上。吳敏求慶幸自己早年有運動的好習慣，這很可能是讓他命大的原因，但也因為創業後的十年都在拚事業，缺乏運動，加上家人短暫在台灣陪伴他之後，因為小孩就學關係，再度赴美，十年裡大部分都是他自己生活，無人照料，吃東西沒有節制，加上他喜吃重口味料理，經常去吃快炒的鐵板燒，又因為在美國養成喝含糖量極高的碳酸飲料，少喝白開水，都成為戕害他健康的原因。

因健康退居二線，交棒經理人

一九九九年，他放下公司所有事務，交給專業經理人打理，飛到美國史丹佛醫院接受心臟繞道手術，術後醫師叮囑他要長期休養，他因此退居公司二線，待在美國專心休養。吳敏求左手有一截手術疤痕，這即是從他左手腕拿出一條血管去補心臟血管。

當時，正值旺宏顛峰期，一九九九年遇上千禧年換機潮，加上消費性電子產品興起，帶動快閃記憶體的需求大增，長期專注在快閃記憶體的非揮發性記憶體領域的旺宏，迎來爆發性成長，不僅二〇〇〇年的年營收躍升至十億美元，較一九九九年成長近一倍，也讓旺宏獲利高達一百億元。

即使到了二〇〇一年，全球半導體面臨有史以來最大的景氣衰退衝擊，旺宏的上半年毛利率仍高達五成，每股稅後盈餘為〇．七二元。

公司大賺，證明旺宏堅持不走代工路線的努力獲得回報，憑技術及研發能力，成為國際大廠爭相合作的夥伴，也讓旺宏投入更多的研發經費在產品開發上。

掉入成功陷阱，以為無所不能，卻一無所成

所謂福禍相依，最成功的時候，通常也是最容易掉以輕心的時刻。在他休養、幾乎不管事的這段期間，雖然公司幾乎賣任何產品都賺錢，但是這些產品都是兩、三年前就已經做好的東西；換言之，應該要有新的研發產品出來才對，但這時卻沒有任何新產品問世，導致了二〇〇二年，當半導體景氣大幅衰退時，旺宏既有的產品因為沒有競爭力，每賣出一個產品就虧一個，因此造成一百億元的巨額虧損，等於是把二〇〇〇年獲利的一百億元又吐出來，公司幾乎準備關閉。

一九九九年加入旺宏沒多久就碰上公司巨額虧損、現任旺宏總經理的盧志遠指出，旺宏前十年，從一九八九年到二〇〇〇年都非常成功，成長得非常快，但是大家的心也愈來愈大，什麼產品都做，讓力量分散，最後就是什麼都做，但什麼都做不好，也什麼都做不成，才會在二〇〇二年讓公司幾乎垮掉。

盧志遠是哥倫比亞大學物理哲學博士，曾在美國貝爾實驗室投入半導體先進技術研

究，回台後又擔任工研院電子所副所長，負責主持經濟部最大的科技專案「次微米計畫」，成功以次微米技術開發出DRAM量產技術，讓台灣具備8吋晶圓產製能力，後來更成為世界先進的共同創辦人及總經理。他在邏輯及記憶體產品研發上具有豐富經驗，是吳敏求三顧茅廬、力邀進入旺宏的重量級人物。

一九九九年他加入旺宏後，先擔任資深執行顧問及科技總監，因為當時他與世界先進出身的幾位主管，一起出來成立欣銓科技公司，提供半導體第三方測試服務。二〇〇三年，欣銓上軌道後，他也在旺宏正式升任為資深副總經理。他回憶剛進旺宏時，公司有幾百個計畫同時在執行，當時有一個風氣，只要覺得這個產品有前途就去做，也不管人力是否足夠，大家也不敢拒絕，結果使得每個人都同時負責許多專案。

將軍再披戰袍，重整軍心

二〇〇二年七月，已經退居二線、不管事的吳敏求，看到公司財報虧損慘重，決定重新復出，執掌公司經營。他說：「公司是我創的，我必須收拾爛攤子。」他形容當時公司幾乎要躺下了，每天都不斷有員工遞辭呈，有的員工被他勸慰留下，但大部分的人選擇離開，留下的員工，回家還得面對家人不解地問：「你怎麼還沒離開旺宏？」

這批離開的員工，有很多都是吳敏求從創業之初就精心培育的本土人才，旺宏當年帶領四十位資深工程師返台創業時，也帶回美國當時半導體最先進的技術，在當時，吸引不少本土科技人才想加入。曾有來自本土科技公司的十四人團隊，表示想要投靠旺宏，前提必須是十四人團隊都要一起被錄取，但是吳敏求拒絕。他表示，他願意一個一個面試，有適合的就錄取，但是不願意一次錄取十四位，萬一團進團出怎麼辦？這件事後來不了了之，但也更加堅定吳敏求親自培養本土人才的想法。

當時，他特地到學校招募，聘用剛自研究所畢業的碩士生做設計工作，由他帶領自美返國來自半導體不同領域的一群資深工程師，手把手，一路扶植上來。這些當年初出茅廬、不過二十四、五歲的碩士生，離開旺宏後投入其他半導體公司，經過二十多年，已是各大科技公司裡的主要人才，在半導體產業發揮不少力量。這也是吳敏求對台灣的貢獻之一：為台灣科技業培養了不少人才。

一九九一年加入旺宏的洪俊雄，正是當年剛自交大電子研究所畢業、被旺宏聘僱的碩士生。他見證了旺宏的成功，也經歷過旺宏的失敗。當時他在設計團隊，一開始有四個團體，旺宏虧損時，兩個團體從主管到下屬接連離去，人員流動極高，士氣非常低落，外界也有人問他：「外面有機會賺錢，為什麼不去？」

他坦承，當時他也沒有信心公司是否能谷底重生，但他對旺宏有感情，不捨離去，認為事情仍有可為，而吳敏求是他留下的關鍵。他表示，當時公司雖然在谷底，但是吳敏求對研發的態度依舊不曾打折，除了長時間投入，審核每一個專案，花很多心思去思考專案是否值得去做，不會因為公司虧損就降低品質要求。此外，在資源投入上，該花的錢他絕對不會省，他知道如果摳得很緊，研發就會做不出好東西。

另外，吳敏求也不懲罰犯錯，這一點很重要。研發本來就存在風險，有時因冒險犯了錯，吳敏求只會檢討是否是合理的犯錯，不會懲罰他們，這對研發人員起了很大的鼓舞，也是洪俊雄留下來很重要的原因。

雖然多數人選擇離去，但是業務副總莊永田說，選擇留下來的人，多少都有一種破釜沉舟的感覺，他不喜歡在公司不好時選擇離去，因為等於承認失敗就跑掉，留下來反而可以奮力一搏。現在回想起來，吳敏求感嘆地說：「第一個十年對我來講，都是好的事情，都是精采的；第二個十年都是不好的。」

Chapter 14

第一個十年的創業啟示：

認為自己無所不能，埋下失敗伏筆

二〇〇二年七月，大病初癒的吳敏求重返旺宏，再披戰袍。他說：「我如果不出來，公司就沒有了。」

什麼都做，什麼都做不成

事實上，他也不知道公司是否可以繼續生存下去，但是善於找問題與解決問題的他，立刻開始深入找出造成旺宏巨額虧損的原因。當時旺宏從上半年就開始虧錢，本來以為下半年會賺回來，結果因為沒有新產品，缺乏競爭力，導致下半年也賺不回來，虧損的洞也就愈來愈大。然而為什麼會缺乏競爭力？這就是吳敏求重返旺宏，首要去了解的問題。

他一開始就請大家把所有的專案全都列出來給他看，結果一看，竟然多達八十幾個專案同時進行，而且每個人都身兼數個專案，他才了解原來旺宏的研發完全失控。究其原因，原來公司大賺百億之後，大家開始覺得自己無所不能，做任何事情都很容易成功，於是，看到市場有什麼就跟著做，卻沒想到人力不足的問題，只要覺得產品有前途，客戶又想要，行銷部門也說好，研發部就一個接一個成立專案，結果是毫無節制，也一無所成。

問題是，人的時間只有二十四小時，每個研發人員身上卻攬了許多專案，導致一個專案只有五分之一的人力在做，大家的力氣都被分散，到最後就是看起來琳瑯滿目成立了許多專案，卻沒有一個專案做成，這也是為什麼旺宏的產品失去競爭力的原因，因為沒有新產品問世。

第一個十年這麼成功的結果，竟然是導致第二個十年失敗的原因。吳敏求回過頭檢視過去，感嘆地說：「我們以為無所不能，但是天下沒有無所不能的事情，我們投資了太多，卻無法控制，回報是零，沒有競爭力，就是這麼簡單。」所以他當時的思考點是：如果從這裡開始，我沒有競爭力，落後了，我怎麼反敗為勝？

盤點人力，砍掉沒有競爭力的專案

二〇〇三年，旺宏股價從二〇〇〇年最高的一百零五元，跌到了四元，市值掉到剩一百五十億元左右，這時旺宏內部管理喊出一個口號，那就是「focus」。

第一個「focus」：有多少人，做多少事，每個人頂多只能參加兩個專案。

吳敏求讓研發人員自己先把八十幾個專案過濾一遍，排出重要順序後再給他看。開會時，吳敏求一口氣就將三十名以後的專案全部砍掉，因為他用人力資源來考量效益，認為頂多只能有三十個專案。但這三十個專案還不一定能執行，他又找來負責這三十個專案的人，要他們報告幾個重點：一、為什麼要做這個專案？二、這個專案做出來有沒有競爭力？三、我們有沒有足夠的人力執行這個專案？

這三十個專案，他一個個看，一個個過問，只要報告的人沒有想清楚，或是答不出來，他就請對方重新回去想，如果這個專案不符合他所問的問題，不管排名如何，他都斷然砍掉，然後再從排名三十以後的專案遞補空缺上來。他的用意在讓大家了解做一個專案的目的在哪裡？你的競爭力在哪裡？怎樣才能贏得這場戰爭？旺宏之所以造成巨額虧損就是太順應客戶要求，當客戶要求做某項產品時，研發團隊就接案，結果愈接愈多，每個人身上都肩負好幾個專案，不僅無法全心投入，更從來沒有思考為什麼要做那個專案？

尤其，他更重視的是，一個專案動輒需要三到五年的時間進行，問題是，三到五年後，研發出來的產品是否仍是市場所需？還是已經過時，不能生存了？如果不能生存，過去三到五年的研發時間不就浪費掉了，需要再重來一遍，但有多少時間可以這樣周而復始重來？公司很可能就此關門。

這也是為什麼吳敏求會說：「每個專案都很貴，所以我們要做對；如果做不對，花了錢與時間，二〇〇二年的教訓就在那裡，如果我們還沒學會教訓，就真的是笨。」但他也很清楚，如果讓他來告訴大家哪個專案是對的，大家不見得服氣，只是服從而已。所以，他讓員工先講為什麼要做這件事，讓他們在報告的過程中，思考做這個專案的目的在哪裡，才會發現問題所在。

為了嚴格管控人力，他甚至要求參加專案的工程師，每個人的名字都要寫上去，他再比較另外一個專案是否有重複的人名在上面，他要看一個專案有多少人是全職負責，避免人力資源配置不當。

每年專注做好一件事

第二個「focus」，就是專注做記憶體。盧志遠說，當時公司毅然將非記憶體部分的研發專案全部分拆出去，只專注做記憶體，因為旺宏是最大的記憶體廠商，而記憶體又一定需要工廠，這是旺宏最大的資產，必須全力專注在這裡。

三十個專案都敲定後，就可以往前走了，也就來到了第三個「focus」，從二〇〇三年到二〇〇五年這三年，旺宏每年只聚焦一個特定目標，傾全公司之力只做這件事，並且把它做好。

第一年，旺宏的目標是研發，所有的人力資源都投入進去，務必確定做出來的東西是有競爭力的。第二年，如果研發的成果有競爭力，就集中在設計與產品開發上，確定所有產品開發有足夠資源，然後進行生產。第三年，集中火力在產品的銷售上，想方設法到市場去行銷。

Chapter 15

谷底心態：

落後者，要比領先者更大膽創新

二〇〇二年下半年，吳敏求專注在找經營問題，二〇〇三年到二〇〇五年，他開始集中火力，把過去落後的研發腳步，全力救回來。

第一年尤其重要，因為研發的方向一定要做對，第二年與第三年的目標才會有成績，而且「落後者，要比領先者更大膽創新。」當時旺宏的產品大部分都是標準產品，必須做出有競爭力的產品，才能扳回一城。但是有競爭力的產品要如何做？首先就要在研發上超越原來的目標，才能追上競爭者的腳步；然而，當時他看到研發人員設定的計畫，都是完成階段性目標，也就是先從A到B，再從B到C。

跳級才能超越，著眼五年後的產品

公司如果穩定成長，或許可以這樣循序設立目標，但是旺宏當時是落後者，產品已經失去競爭力，很多技術都必須跳躍式研發，才能追上領先者的腳步。換言之，旺宏不能以傳統方式循序漸進，必須跨越現有技術與現有競爭者，直接思考五年以後的市場競爭力，再來回推現在的研發方向，才能生存下來。

當時大家都覺得，能達到下一個階段目標就很難了，遑論要跳躍性研發新技術，但吳敏求認為，難不難根本不是重點，重點在於研發的技術五年後是否還有競爭力，如果五年後贏不過人家，就得扔掉重做，務必力求一次到位，研發出五年之後還有競爭力的產品。所以當時他一定反問員工：「你為什麼這樣做？」、「競爭者產品的狀況如何？」、「你認為可以跟競爭者競爭嗎？」因為每個研發都有目的，這個目的必須很清楚知道如何生存下來，否則錢跟時間都花下去了，最後只是好玩，沒有產生任何意義。

一開始，研發人員聽到吳敏求設定五年以後的目標都很害怕，因為要跳好幾級，怕做不出來，無法交代。洪俊雄就回憶，當時吳敏求要求，不只要降低成本，還要提高市場價值，無論是市場端或成本端都不能只是慢慢改善，必須要有跳躍式的改善。因為吳敏求認為按部就班沒有用，只會愈差愈遠，最後死路一條，要有競爭力就必須製程跳級，才可能超越。

例如，研發部門的提案，起初統統被他退回去，因為他們計畫從七十五奈米做到五十幾奈米，然後再到三十奈米。但吳敏求告訴他們：「你做了半天，人家已經做十六奈米了，你還在做三十奈米，你怎麼競爭？做完以後，到哪輩子去了？」最後，他幫大家訂下目標，直接從七十五奈米跳到三十六奈米，再從三十六奈米跳到十九奈米，十九奈米做完之後就做3D。

「做對」遠比「做成」重要

這個目標訂下後，大家又更害怕，但吳敏求對他們說，他有信心，大家一定做得出來。先參考別人已經做到哪個階段，如果還是不行，就買產品打開研究，再從這個基礎往上跳，因為對方還沒做到下一個階段。他認為，落後者有一個好處，那就是競爭者已經幫他證明了很多事，為什麼還要花時間去證明一樣的事，應該把力氣花在未來，「做到對方還沒做到的事情，才叫研發。」這是吳敏求給的注解。

事實上，到目前為止，他已經證明很多次，每次幫大家設立的目標，不僅都在期限內達標，甚至只花一半的時間就做出來。善於洞察人性的他，非常清楚大家的技術都沒問題，只是出在敢不敢下決定的信心問題。既然大家都不敢下決定，就由他來幫大家下決定，他一直強調，管理者要有一點獨裁，才能當領導者，如果太過民主，最後就導致決策愈來愈慢，一事無成。

尤其，管理者所做的決策很多都跟本身的背景有關。例如，他自己是技術出身，很清楚如何做技術方面的決定，所以二〇〇二年他回來，一看就知道旺宏的技術落後了，要用跳級的方式趕上。這種跳級的方式雖然冒險，但是他是總經理，風險由他承擔，大家只要勇敢去做就好，他甚至霸氣地說：「要死也要在商場上打過一仗，即使死在沙場上，也才死得有尊嚴；如果做了半天，還沒上場就被殲滅掉，那有什麼意義？為什麼不跳下來跟人家生死鬥？」

他更指出，一般人覺得「做成」比「做對」更重要，因為只想對老闆交代，但他強調，這種想法完全錯誤，應該是「做對」比「做成」更重要，否則做了沒有競爭力的產品，還不如不做。

檢視短期成果，激勵團隊信心

事實證明，他的策略是對的。他指出，旺宏這幾年為什麼會追上競爭者，就是透過跳躍式的研發。當競爭者走一步時，旺宏就用力跳一大步，才有後來一個階段接著一個階段的復興。此外，當時因為虧損，員工走了一大半，為了讓願意繼續留下來打拚的員工有信心，畢竟公司虧損時，想要重新請人更難，更要好好珍惜留下來的人。他除了前三年，每年訂定一個特定目標，讓大家聚焦在一個方向外，還用短期目標管理的方式，讓大家每三個月就能看到公司如何逐漸步上正軌。

他每一季開一次會，以簡報告訴大家這一季需要做什麼，部門之間如何分工，把工作都清楚分下去後，等到下一季開會時，他就秀出上一季大家分工合作的成果，讓大家知道，公司已經達成上一季的目標了。換言之，他透過每三個月的短期目標，建立大家的信心，讓大家清楚公司已經開始往上走。

吳敏求深知公司在谷底時，更要讓員工看到短期成果，大家才有信心繼續走下去，也能專注在短期目標上，把事情做好。如果這時候還在奢談長期目標，甚至公司願景，誰也聽不進去，不想一起打拚，唯有讓他們覺得公司可以把虧損的錢賺回來，才會願意繼續留下來。

還有一點很重要，那就是或許是工程師性格使然，無論長期或是短期目標，吳敏求一定用數字做目標管理，而非洋洋灑灑談一些抽象的公司願景。在他看來，信心喊話沒有用，要大家有信心，就是給出數字，因為數字會說話，一目瞭然。透過每三個月傳遞一個改善事實與未來藍圖，呈現大家努力的結果，顯示財務確實改善，大家就會相信。他說，員工都是聰明人，大家看到有賺錢時，自然就會繼續留下來。

邏輯縝密，布局精準

第一個十年，旺宏因為賺了大錢，心變大了，所以力量分散，沒有聚焦在公司最擅長的地方，所以第二個十年，吳敏求就是堅持專注。專注為什麼很重要？產品行銷處專案副處長周志鴻認為有兩點：第一，吳敏求的眼光向來看得非常遠，過去因為做得太早，資源也投進去，但市場還沒準備好，所以早期旺宏比較辛苦，因為市場還沒到位。但在經過虧損後，吳敏求調整管理方式，但眼光依舊看得很遠，只是在布局上，長短線都兼顧，不再只看長期。第二，他非常講究邏輯思考，每次產品提案會議，資料洋洋灑灑，他不可能每個提案都深入了解，但他的邏輯力可以抓出很多根源性的潛在問題，他常跟員工說：「你如果邏輯不對，結果就不對。」

也因為他的邏輯思考非常厲害，所以員工跟他開會時，都會展開「會前會」。例如，行銷部門要跟他開會前，內部就會先開一次檢討會，然後再與部門主管開一次會前會，這還不夠，最後再去找盧志遠總經理開一次會，才敢跟吳敏求開會。但是，經常才報告兩、三頁，就被他一箭射下馬，抓到不對的邏輯。

這是因為他的邏輯經常不受框架限制，即使員工已經準備一大堆資料，演練他可能會問什麼問題，然而，他思考的面向既廣又快，每次他提出問題，都一語驚醒夢中人，員工才會說：「Miin，你這個問題值得一百萬美元。」吳敏求不怒而威，開會時又直指問題核心，盧志遠也笑說，每次開完會大家就會跑來問他，吳敏求說的方向，確認他們的理解是否正確。盧志遠跟吳敏求的價值觀相近，堅持台灣要有自有品牌，所以兩人做事很有默契，加上他全權授權，給予信任，所以盧志遠很清楚吳敏求的方向。

值得一提的是，當初原本的八十幾個專案，最後只留三十個專案來執行，其他專案則成立「群英計畫」，鼓勵集團內非核心的事業分出去成立子公司。例如，兆宏電子、新宏電子、京宏科技、迅宏科技，讓有志於此的人獨立出去打拚，盈虧自負，但這些子公司後來都因為經營不善而解散。

吳敏求認為，就算獨立出去打拚，也應該要做有前瞻性的新產品才有價值，而不是像其他公司，獨立出去的子公司從母公司拿便宜的晶圓代工，這是純商業的做法。做先進產品如果不成功，只能解散。

Chapter 16

目標管理：

一年只設定一個目標，用「聚焦」讓公司重生。

二〇〇三年，旺宏股價跌至四元，成為名符其實的水餃股，市值更是從兩千多億元掉到剩下一百五十億元左右。吳敏求傾全力專心救火，這段期間，他除了盯緊公司營運管理外，還做了兩個重要決定。

遠離媒體，讓成績說話

第一個決定，他心知後面的壓力只會愈來愈大，為了保持體力與紓壓，他開始養成運動習慣，每天早上四點起床，騎室內腳踏車一小時後，再去上班。同時戒掉長年養成喝含糖碳酸飲料的習慣，只喝白開水，保持健康。他年輕時是運動健將，深知運動對身心有益，創業第一個十年就是太投入在創業上，疏於運動，再加上飲食沒節制，才會導致一九九九年生病必須做心臟手術，公司也因此在研發上停滯不前。

第二個決定則是，取消公司內所有報章雜誌的訂閱，他個人也不再看媒體。人在順風時，做什麼都對，第一個十年，媒體頻頻稱讚他的美式管理風格，說他「親和力強」、是

「容易溝通的總經理」等等；第二個十年，旺宏跌入谷底後，原先的讚美都改為毫不留情的批評，說他個性剛愎自用，甚至將旺宏列為「即將消失的公司之一」。

當時，旺宏連三年虧損，身價一落千丈，淪為媒體笑柄。吳敏求感慨地說：「二〇〇二年之前都沒問題，二〇〇二年以後，所有的人都在修理我，那個壓力有多大，天天看媒體就有很多壓力。」因此，從二〇〇二年以後，他就不看媒體，因為他深知，當公司不好時，媒體只會修理他，天天去看，只會讓人愈看愈灰心。

此外，他也將公司報紙與期刊全部停掉，既然都是報導旺宏的負面消息，為了避免影響員工心情，乾脆都停訂，讓員工到公司上班，專心做事就好。當時他也沒把握公司是否能救得起來，但是他就是不浪費時間，集中精神解決問題。他說，人的毅力很重要，沒有毅力就很容易被外界左右，做決策就會搖擺不定，讓底下的人很難執行。所以，他拒絕看負面報導，只專注在公司的產品有沒有競爭力、有沒有做對方向，做對了，就往前走。

他為了救公司，每天五點就去上班，從早開會到深夜，那時媒體將旺宏列為即將消失的公司之一，想採訪他，被拒絕後，乾脆躲在公司外面偷拍他，結果拍到的是他深夜開完會開車返家的身影。

即使到後來他帶領旺宏從谷底爬起，重返榮耀，他還是不看外界報導，公司只有一套報章雜誌，提供給公關部門參考。他很清楚，所有報導不是錦上添花，就是火上澆油，不會雪中送炭。他做得好不好，不需要人家講，因為投資者看的是公司營運數字，股東也是如此，只要照顧好客戶與股東，讓大家看到努力的成績就好。

就像他的管理風格，從以前到現在都沒變，但成功就被捧為英雄，失敗就被貶為梟雄；公司經營不善，自己做錯了，人家要修理他，他沒意見，反正他已經被媒體修理慣了。他認為，做錯了就趕緊修正，每一個人做事有自己的風格，最後用事實來證明即可。

身在谷底也要微笑以對

公司幾乎快倒閉時，他很堅持一點，每天上班一定帶著微笑去上班。因為人處於低谷時，容易表現在臉上，員工都很聰明，一看老闆臉色不好，就知道公司不好，為了提振大家信心，他在公司一定表現出胸有成竹的樣子。

從一九九九年到二〇〇二年間，旺宏從顛峰跌落谷底，重披戰袍的吳敏求，原本預計得花八年時間才能將公司救起來，但他的「focus」管理策略奏效，經過二〇〇二年到二〇〇五年上半年，只用四年半的救火時間，就把公司翻轉了。

二〇〇五年下半年，旺宏開始好轉；二〇〇六年，公司轉虧為盈，開始賺錢；連續六年都持續獲利；二〇〇八年金融海嘯時，記憶體產業也受到波及，但旺宏的產能繼續滿載，成為全世界唯二獲利的記憶體公司。

這堂高達兩百億元的教訓，也讓他領悟到，當一個新創公司打下很好的基礎後，在成長過程更應該要好好控制，有多少人，做多少事，不要過度擴張。然而，也就在旺宏轉虧為盈的時候，又迎來了一個新的挑戰，那就是與力晶的經營權之戰。

Chapter 17

經營權之爭：

與力晶正面對決，絕地大反攻

旺宏的第一個十年，因為擴張太快，一九九九年又迎來突破性成長，訂單達產能的二、三倍之多，產能供應不足的結果，就是必須迅速興建新廠。

二〇〇二年，晶圓三廠落成，但是旺宏也因為研發停滯，產品沒有競爭力，造成巨額虧損；二〇〇五年，接任董事長的吳敏求，一邊救火，一邊決定賣掉12吋晶圓三廠，因為他需要現金，而且也可以擺脫每年必須支付約八億元的折舊費用，降低營運成本。

二〇〇六年一月，旺宏簽署晶圓三廠廠房及廠務設施出售文件，力晶以五十三億元買下，原本應該以歡喜成交落幕，沒想到，一場旺宏的經營權之爭，就此展開。

為公司長久經營，也為尊嚴而戰

一九九四年成立的力晶半導體，因為獲得日本三菱電機的技術授權，因此在新竹科學園區成立，主要的業務就是做DRAM。當時力晶有錢，除了做DRAM，也想做Flash，透過買賣，在買旺宏12吋晶圓廠過程中，發現旺宏沒有財團資助，但是有技術又有穩定客戶，因此動了拿下經營權的想法，開始大買旺宏股票。

當時旺宏雖然已經開始賺錢，但仍有欠款，本來就缺錢，加上吳敏求及經營團隊等持股很少。而與美國成立公司時創辦人占有多數股份不同。在台灣設立的新創事業，創始股東的股份與其他股東的股份一樣，每股面額都是十塊錢，不像美國，面額可以自行決定，甚至是幾個小數點，好讓創辦人及初始團隊可以擁有絕大多數的公司股份，然後再慢慢釋出。

吳敏求回台灣創業時，只是一個窮工程師，也沒有任何財團背景或資助，持股自然有限。再加上雖然有些技術股，但當年為了鼓勵留美工程師返台一起創業，也都分給了他們，所以他持有的股份相當少，也讓別人有機可趁。

二〇〇七年三月，力晶已經持有旺宏超過五%的股權，成為旺宏最大法人股東，而旺宏董監持股不到四%。雖然，力晶一再強調，買旺宏股票只是投資而已，對旺宏的經營權沒多大興趣，但表示既然身為最大股東，有必要進入董事會，於是在董監事席次的分配上，要求在總共十五董、四監的席次上，力晶分配到五董一監，也就是三分之一的董事席次，但吳敏求只願意給力晶四董一監的席次，雙方為此協商多次，仍無法達成共識。

吳敏求擔憂的是，力晶取得五董一監後，再加上經理人之安插，將可主導旺宏之經營。問題是力晶也想做 Flash，除非力晶持有旺宏百分之百的股份，否則就是旺宏的競爭廠商，其間有嚴重的利害衝突關係。也因此，他認為協商已經沒有意義，只有正面迎擊一途。尤其，他無法理解當時力晶董事長是台灣半導體協會（TSIA）理事長，理應替會員解決爭端，怎麼反而製造紛爭？既然無法和談，也只能開打，他說：「我是戰士，要死也要死在戰場上。」

雙方談判破裂後，力晶乾脆在旺宏董監事改選時，一次增為九名董監事候選人，想要拿下旺宏三分之二以上的董事席次，企圖心昭然若揭。於是，以吳敏求為主的公司派，強烈反對力晶市場派的入主，董監改選委託書大戰於焉展開。

研發自主品牌之路不容撼動

當時公司派握有股權約四%，加計內外圍股權，大約八%左右；而力晶除了握有超過五%的股權，加計內外圍的股權，超過一〇%。因此，委託書的勝負成為取得經營權最大關鍵，旺宏公司派與大股東力晶對決，雙方都以過半席次為衝刺目標。

擁有豐富政商人脈的力晶來勢洶洶，名單囊括市場各主要龍頭券商。吳敏求無奈地說，台灣的實務現狀是，公司不能用公司的資源去徵求委託書，但市場派或其他想要介入經營的人卻可以繞道價購取得委託書。如果在美國，根本沒有這樣的顧慮，因為做為一個創業者，一開始就持有多數股份，所以不是問題；但是在台灣，要靠買股份的方式。如果沒有錢，買的股份很少，就要靠委託書，看誰的口袋深，誰就可以買；對創業者並不公平。

「我們私人又沒錢，我股票一張沒賣過，公司也不能去買。」他說，這就讓對方覺得有機可趁，因為旺宏的公司派股東持股很少，口袋又沒錢，徵求委託書也要符合嚴苛的法律規定，一步一步來。但是歷年來，主管機關或司法單位對於市場派透過人頭價購委託書似乎也無可奈何，加上力晶擁有的股份，遠比公司派高，所以大家都認為力晶贏定了。

當時，甚至旺宏的員工還被力晶員工預知，等股東會選完，旺宏員工就可以捲鋪蓋走路了，因為力晶的替代人選會進來。力晶甚至派人到日本，與旺宏的合作廠商見面拉攏對方，以至於當時人心惶惶而無心於公司業務之推展與正常營運。為了旺宏、員工和股東，吳敏求堅決選擇硬碰硬，以背水一戰的心情，力抗力晶。

他告訴媒體，早在二〇〇二年，旺宏調降財測時，他就已經向董事會提出辭呈，換言之，他絕不戀棧董事長及總經理職位。為了堅持要讓旺宏獨立運作，他寧願不做董事長或總經理，也要拒絕讓力晶進入董事會，讓力晶只做純粹的投資者，因為他不要有任何大股東色彩，以免影響公司獨立運作。

更重要的一點，他指出，旺宏是一家做產品及發展新技術的公司，從創立之初，就堅持自有技術、自有產品，經過多年努力，不僅在國際上享有名氣，而且正因為旺宏是獨立公司，所以國際業者願意與旺宏合作。但是力晶是做晶圓代工，吳敏求深知，靠代工生存，無法長遠，也無法跟國際大廠平起平坐談合作，兩邊理念完全不同，因此堅拒力晶進駐。從來都不是息事寧人個性的吳敏求，相當霸氣地說：「錢我沒有，命一條，就跟他正面對打。」

給股東的公開信贏得投資人信任

二〇〇六年第二季，旺宏已經開始獲利，二〇〇七年第一季的營運成果更是在全球業界名列第六，也讓他有餘裕可以想策略，如何對抗力晶，保住旺宏的經營權。

其實，吳敏求在設立公司之初，就希望建立一個日後可為科技典範的優質制度化公司。因此，旺宏的典章制度均超前法令規定部署，包括：董監提名制度等。而所有的反制動作也經主管機關或法院確認全未違反任何法令規定。這也是力晶之戰迄今仍為「經營權之爭」之典型案例，而為眾人所津津樂道。

除了既有的典章制度與法律應變措施外，心戰也很重要。舉例而言，他在董監選舉完成前，會先跟對方打心戰，堅決不透露手上掌控的票數，可以拿下多少董監席次。其次，為了避免力晶利用持股優勢有損旺宏或股東權益，提案增訂「排力晶條款」，規定旺宏與各力晶企業交易，應先取得力晶企業以外的其他出席董事過半數同意；此外，也要求所有董監事比照公司員工的保密義務，不得不當使用或洩漏旺宏機密資訊。

另外，由於力晶早將所有通路商都囊括旗下，吳敏求只能直接訴諸旺宏股東的支持。包括透過報紙半版廣告，寫公開信給旺宏股東，把所有事情公諸於世。

其中，五月二十二日的「給旺宏股東的公開信」裡，吳敏求特別強調旺宏從創立之初，即堅持「專注本業」與「科技扎根台灣」的理念，並列出五項成績單，指出旺宏雖然歷經虧損，但是二〇〇六年第二季就已經開始獲利，二〇〇七年的第一季，NOR Flash 在全球名列前茅，自有先驅技術也在國際大放異彩，擁有超過兩千四百件專利，且絕大多數皆屬發明專利，吸引國際大廠提議聯盟合作等，希望繼續獲得股東長期的支持。而五月二十四日的公開信，則直接表明因經營理念不同，若力晶掌控旺宏，包括他及現有經營團隊將不留任，並公開呼籲力晶做一個「快樂的投資人」，無需搶入旺宏董事會等。

委託書徵求大戰正式開打後，力晶先是登廣告指有人偷跑，違規提早徵收委託書，接著集團旗下力建投資隨即刊登「懸賞啟事」，提供五十萬元懸賞獎金，以及檢舉專線，徵求旺宏違法收取委託書的事證。

當日下午，旺宏也立刻在晚報上刊登廣告澄清，反駁力晶誣衊，並指出若旺宏有具體違法事證，例如價購旺宏委託書或以提貨券換取旺宏委託書等，也設立檢舉電話，依法辦理或追究。公司派與力晶市場派連續幾日在報上登廣告，雙方你來我往，砲火連連。股東會前，力晶更訴請法院裁定假處分，均無所獲。

六月二十九日，旺宏股東會召開，進行董監改選的結果，因布局得當，且無任何違法事由可被要脅，公司派大勝力晶的市場派，在十五席董事和三席監察人中，力晶只拿下二董、一監。

經營權之爭落幕後，力晶擁有二董一監席次，還是可以進入董事會。董事會任何提案，吳敏求一定先問力晶代表的意見，並充分討論，絕對不讓對方有任何指責或詬病的藉口。

此番力晶經營權之爭，雖然力晶先後提出假處分、股東會決議無效等諸多訴訟案件，但吳敏求一開始就嚴格要求所有因應必須合法，力晶在主管機關及法院都認定旺宏無任何違法情事後，終於領悟到力晶無法勝訴，而希望撤告，旺宏也在其中一案勝訴判決後，以和為貴而不咎既往，同意力晶撤告。力晶後來也退出董事會，二〇〇七年這一場驚動科技業的經營權之爭，就此落幕。

黑白分明，有守有為

回顧當年力抗力晶這一段，吳敏求說，旺宏雖然二〇〇二年虧損，但是二〇〇五年就開始轉虧為盈，這些努力，股東都看在眼裡，所以許多小股東都支持公司派，很多股東是主動將委託書寄到旺宏，甚至有人坐著計程車，專程拿到旺宏，讓他很感動。至於力晶的票，除了擁有一〇%的股權外，基本上沒有增加，即使把所有通路商都囊括旗下，也只取得些許委託書。

旺宏是他所創辦，自始至終，他最重視的就是，公司一路走來堅持自有技術及產品的品牌價值。令他寒心的是，當年力晶董事長是台灣半導體協會理事長，身為理事長理應照顧所有會員，發揮團結的力量，共同在各自的領域上，為台灣半導體業盡一份心力。

二〇〇七年，他就毅然退出TSIA，個性黑白分明的吳敏求至今仍然拒絕再加入，即使每一任新的理事長都提出邀請，但他一概拒絕。他說：「我只要守法，把事情做好就好。」

別人稱他為孤鳥，暗指他不合群，他承認在這條路上很孤單，但跟人應酬本來就不是他擅長的事，對他來說，把客戶與員工都照顧好，讓公司獲利成長，讓台灣的自有品牌在國際上與其他大廠平起平坐，才是他最關心的事。

在這場經營權之爭裡，還有兩個很重要的致勝關鍵。其一，旺宏做任何事一定基於合法，因為吳敏求很清楚，只要力晶打輸，一定會告旺宏，所以他在準備開戰時，一定確認所有細節都是建立在合法基礎上。

第二個致勝關鍵，就是與旺宏合作超過二十多年的律師李貴敏。吳敏求表示：「這一仗我們打得非常漂亮，也跟我們的律師有關。在公司，除了我之外，她是出力最多，也做了很多規劃與建議。」當年他刊登在報紙上的公開信，在刊出前，就是透過李貴敏律師幫忙撰稿，確認準備發出去的每一個文字是正確的。因為他很清楚，如果稍有不正確的事實，等於被別人抓著了小辮子，一旦對方輸了，一定會告他們，所以在撰寫過程中，務必百分之百正確合法外，還事前查證，確認無誤才刊登。

他強調，律師的專業很重要。李貴敏是商務及智財的專業律師，歷練很多，有她的幫忙很重要。因為不同時期需要不同判斷，預測做這件事會產生的後果，這些都必須倚賴有經驗的專業律師幫忙，也因此，除了與力晶打官司外，包括後來二〇一五年與飛索（Spansion）的全球專利訴訟，以及二〇一八年與日本東芝的專利訴訟都大獲全勝，李貴敏在這幾場官司裡都扮演非常重要的角色。打經營權之仗時，律師除了要在事先確認相關法令規定與實務作業，並確保公司與股東的權益外，還要提供相關的規劃與建議，並參與策略討論與後續之執行與談判協商、文件草擬與定稿，以及行政或司法程序等等。

旺宏後來兩次到美國打國際專利訴訟，也都是透過李貴敏的幫忙。除了必須與美國律師溝通，讓對方了解旺宏的情形外，還要確認對方寫的文件是正確無誤才核准送出去。此外，旺宏代表到美國談判時，李貴敏也會事先跟大家溝通，確定大家的論調與實際上所持的專利是一致，以及現場如何應對、做這個決定會產生什麼影響等等。

反對敵意併購

回顧二〇〇七年驚心動魄的經營權之爭，旺宏長期的法律顧問李貴敏指出，這反映一個很重要的經營者態度，那就是吳敏求敢做決定，不受外界影響，才能合法在這場戰役中獲勝。她從一九九一年就開始擔任旺宏法律顧問，當年旺宏才剛起步，在一間小公寓租用辦公室，還面臨著作權侵害官司。她還記得，當時常常拎著重重的皮箱爬三樓到旺宏公司跟他們開會。

事實上，旺宏從創業成立不久，就被告著作權侵害，日後也接連碰上各種大小官司，這些官司也都打贏。至於旺宏與力晶間的爭議，在於雙方當初本來要合作，但是在合作過程中，力晶發現旺宏是一個很有組織且具潛力的公司，於是分頭買進旺宏股票。原本旺宏不知道，後來在談判過程中發現力晶姿態怪異，於是去查力晶與其關係人，才發現其等分別大量買進旺宏股票。

她表示，吳敏求與其他幾位創業夥伴都是技術出身，既沒有財團支持，也不像台積電與聯電一般有政府支持。即便加上胡定華的創投公司，經營團隊所持有的公司股份仍舊很少。也因為持股很低，面對力晶這樣有財力的大財團，要拿下旺宏顯然是輕而易舉。所以當時連力晶員工都認為旺宏很快就是他們的了。

她認為，力晶想要旺宏這一家有技術與目標的公司是可以理解的。只是，如果獲得一間公司的目的在於擴大合作效益，以創造公司、股東與投資人的福祉當然沒問題，但如果想謀取私利，當然不樂見。因為旺宏對這些創辦人來說，就像是兒女一般。身為孕育旺宏的創辦人吳敏求與經營團隊的成員們，自然希望旺宏能在正常及健康的環境下成長。

這也是她一直反對「敵意併購」（Hostile Takeover）的原因。畢竟，法令對於併購（Mergers and acquisitions，M&A）早有明文規定。協議的併購，可以把彼此的長處結合，以創造一加一大於二效益，如無法達成共識而強行併購，就該依照法律程序辦理。例如，正大光明以公開收購方式進行，絕不應該偷偷摸摸用人頭分進合擊買進或不依法申報。

慶幸的是，她當年擔任旺宏法律顧問時，就著手讓公司的組織架構都建立在合法基礎上，也效法美國制度將提名制度納入公司章程中，加上當時公司法修正增訂持股百分之一以上股東的提案權，才能及時將要求「旺宏與各力晶企業交易，應先取得力晶企業以外的其他出席股東過半數同意」的「力晶條款」納入章程中。這個條款的通過應該也是力晶撤退的原因之一。李貴敏表示，「力晶條款」這個要求一點也不過分。因為按照公司法規定，關係人交易本來就應該揭露與迴避，也因此，「力晶條款」一出，如果力晶或其經營者想做任何奇奇怪怪的事，就不能做了。

此外，她表示，在公司章程裡用提名制度，一般的經營者會覺得，為何給自己找麻煩，但是如果沒有事先將提名制度放置在公司章程裡，永遠不知道參選的是多少人。而如今談提名制度，大家都覺得是對的，但是在二〇〇七年時，旺宏是第一個把「提名制度」

放進章程的公司，後來其他企業也群起效法採用提名制度，而主管機關也鼓勵提名委員會的設置。

至於，為什麼要把給旺宏股東的公開信刊登在報紙上？她指出，這是一般股東或投資人未必了解經營團隊的規劃及其對公司長期發展或對股東權益的影響。也因此，寫這封公開信就很重要，因為吳敏求要告訴股東，為什麼應該支持公司派，原因在哪裡。

當時旺宏的所有公開信、文件與協商，包括保全程序與訴訟，都是由李貴敏律師負責操刀。她說，如何讓股東覺得應該支持公司派，就應該把公司派的長遠正派經營方式寫出來給大家參考，告訴大家選擇一個對的經營團隊很重要。與力晶之爭，從頭到尾，主管機關找不出旺宏有任何瑕疵或違法。包括紀念品發放、股東會程序等等，一切都建立在合法基礎上。也因此，後來力晶告上法庭，法院開庭時，法官查詢主管機關，旺宏有沒有任何違法情形，答案是完全沒有違法。

她表示，非常感謝吳敏求對她的信賴。她記得股東會表決的前一天，力晶要求公司公布拿了多少委託書，她回答不需要公布。因為，當時法律沒有規定必須在什麼時候公布，所以她的拒絕完全是合法有據的。果然，到了股東會當天，力晶在第一案就要求旺宏立即公布，有多少權數是同意、反對以及棄權。當時在現場，吳敏求坐在前面，李貴敏坐在後面，時間關係，她必須很快用幾個字提醒吳敏求，她只說了一句：「結束前公布，不是現在。」吳敏求立刻領會，並在股東會結束前依法公告。

如果在股東會前一天公布公司派拿了多少委託書，對方就可以算出他們拿了多少，然後就可以據此配票，決定董監事如何選。但因為對方不知道公司派擁有多少委託書，所以最後選舉出來的結果很差，只有二董一監。由於董監事選舉是在所有議案的最後，如果前面讓對方知道權數多寡，後面就可以配票。

不妥協的態度是贏得勝利的關鍵

由於當時法律沒有規定必須在當下公告權數，對方也無可奈何。「我們從頭到尾贏的原因在這裡，所有魔鬼藏在細節裡。」李貴敏說。後來力晶輸了董監事選舉，提告旺宏許多項，包括股東會決議違法等，但因為吳敏求早就準備好文件，證實一切合法，力晶知道不會贏，後來在開庭時要求撤訴，沒想到李貴敏不同意。她說大多數人在法院時，原方要撤回，被告都求之不得，但力晶沒想到她會拒絕，後來還是力晶透過關係拜託同意撤回，後面案子才取消。李貴敏解釋說，必須堅持至少一個案子不准撤回的原因就在於，必須有力晶敗訴的判決，才可以避免日後以訛傳訛的弊端與爭議，也才可以避免外界誤認旺宏求和撤訴的情事。擅長財經及爭議案件的李貴敏律師說，大部分經營者不喜歡碰觸法律事情，十個有九點九個都會選擇迴避，選擇賠錢了事或自怨自艾。但是吳敏求選擇面對問題、解決問題，也選擇以專業的態度做對的事，絕不迴避或推託。

所以面對這場經營權之爭，他就是用對的方式解決，而不是這件事情來了，趕快把它處理掉就好。正因為這樣的態度，讓他不管是在力晶這場戰役，或是國際大廠的專利訴訟上，幾乎都是連戰連勝，也讓李貴敏覺得參與這些戰役與有榮焉。吳敏求感嘆，商場上有很多投機手法，不是他不懂，也不是他不會，只是個人選擇而已。他說，所謂「無欲則剛」，要做到這部分其實很不容易，因為人很容易被誘惑，但就像他常說，他是一個很笨的人，但這個笨字，指的不是聰明與否，而是他的固執與不願妥協，他說，堅持只做對的事情，讓他可以每天晚上安心睡覺。

從公司面臨巨額虧損，到經營權之爭，即使公司跌到谷底時，吳敏求也從來沒有賣過一張股票。總經理盧志遠也強調：「我跟吳敏求從第一天到現在，都沒有賣過一張股票，我們都是非常嚴謹守法，絕不去踩紅線邊緣，連邊緣都離得遠遠的，這種事情都不要去做。我們的報酬，該多少拿多少，不會拿了股票就去炒有的沒的，所以旺宏從來不炒股票，我們不做這些事。」就連董監事酬勞，他與吳敏求都是零酬勞。他說，別人都說吳敏求是孤狼，因為他不太交際，其實他自己也是一樣，但他們對於喜歡的事情，就會熱情分享，例如研發，這就是為什麼他們可以齊心將旺宏品牌推向全世界的原因。

Chapter 18

第二個十年的創業啟示：

有多少人做多少事，不要過度擴張

吳敏求常對他的員工說：「我這個人有一個好處，我有創業經驗，也有救公司經驗。一般人很少有這兩種經驗，因為有的人很會救公司，有的人很會創業，但是我經歷過兩次，這兩種行為完全不一樣，一個是從小變大，一個是從大變小。」

每一步都要著眼世界舞台

創業雖然很難，但把公司從小變大，讓吳敏求很有成就感。而救公司對他來說，更是不易，眼看著自己一手創立的公司，從獲利一百億元，到忽然間虧損了一百億元，他必須要將公司從大變小，只專注在原來擅長的領域裡，並且重新調適自己的心態，面對現實。

他說，懷念過去榮景沒有用。他承認沒有經營好公司，尤其邏輯這部分，本來旺宏是台灣第一個做的，結果到最後沒做好，許多優秀的工程師離開，但這些人是帶著旺宏培育的技術到其他公司繼續服務，也造就了台灣科技業的榮景，換言之，當年他培育了許多本土人才，終究對台灣科技業提供了許多助益。

第二個十年裡，他學到的教訓是，有多少人做多少事，不要過度擴張，所以他專注在眼前的救火，以及如何狠下心來去做對的事情。去做對的事情指的是第二個十年要變得更大膽。大部分人一旦落後，做事就會更保守，深怕再犯錯，但是吳敏求卻不這樣想，自始至終，他都把旺宏放在世界的舞台上去思考。在這個與國際大廠競技的世界舞台上，他認為，領先者可以步步為營，但是做為一個落後者，如果再保守，只會更落後，必須要走得更超前，才能取得領先地位。

他在第二個十年重新復出時，看到的問題也在這裡，當時研發人員還是按部就班做事，他決定鞭策他們更前進。只有帶著獨裁式的鞭策方式，旺宏才會贏，他對員工說：「如果做不到，就活不下去，我們就得捲鋪蓋回家，因為我們沒那麼多錢，政府也不會給我們一毛錢。」尤其旺宏經過第一個十年，落後的原因不是保守，而是太多的專案，卻沒有足夠的人力資源，以至於做到最後，每個專案都沒有成功，在市場上也就失去了競爭力。在這樣的情形下，他開始反向思考，過去旺宏是領先者，怎麼做，怎麼贏，現在，他要學習的是，身為落後者要怎麼反敗為勝？

把目標訂到最高

他重新調整研發與產品方向，告訴研發人員，專案的目的是要做對，不是做完。做完只是對老闆交差了事，但旺宏要的是做出來的東西一定要有競爭力，還要比別人厲害，而這就牽涉到做出來的產品，五年後是否還有競爭力。

旺宏所有的產品都是靠自己研發，也是提撥研發經費最多的企業，相較於一般企業，能達到年營業額的一〇%就已經非常多了，但是旺宏的研發經費是高達年營業額的一五%到二〇%。他更堅持研發要一步到位，不斷問大家：「這個東西五年後有沒有競爭力？」如果五年以後還有競爭力，現在就開發；如果現在開發的產品，五年後沒有競爭力，就立刻停止，改去研發其他新產品。至於要如何判斷五年以後，產品是否有競爭力，他的方式是，去看每一家的技術，看別人的技術發展到哪裡，再回過頭來去思考旺宏要如何超越他們？他說：「人是很厲害的，你要他做落後事情，他就做落後事情；要他做超前事情，他就真的能做到。」

吳敏求有一句口號：aim high，也就是要把目標瞄準到最高，不可以瞄準到次高。所以每次產品提案時，他看的都是全世界最厲害的人是誰，旺宏不僅要跟他們比，還要比他們做得更厲害。另外，他還將研發經費的二〇%，放在十年後的競爭力。負責研發十年後競爭產品的員工，完全不需要去承擔公司營運的需求，只要專注將十年後的競爭力產品做出來，並且產品化。

也就是以這樣的魄力和遠見，旺宏從二〇〇二年到二〇〇五年，經過三年的虧損，二〇〇六年他就翻轉整個局面，帶領旺宏走出低谷，開始轉虧為盈。二〇〇六年第二季就開始獲利，二〇〇七年的第一季，旺宏的NOR Flash在全球業者已名列前茅，在自有技術上，更擁有超過兩千四百件專利，毛利率也一路從負轉正，不但攀升到三〇%以上，在二〇一〇年，更來到五〇%以上，旺宏再度谷底重生，成為全球非揮發性記憶體整合元件的領導廠商。

所以盧志遠深感佩服地說：「吳敏求就是旺宏的靈魂，沒有他，旺宏就沒有魂。」

Part4

堅持創新：著眼未來，反敗為勝

「從創業第一天開始，就沒省過研發的錢。」

——吳敏求

Chapter 19

可預測的虧損：

購買12吋廠，
歷經五年折舊陣痛期

旺宏自一九八九年成立後，吳敏求回顧這三十年，每十年都有奇怪的陷阱冒出來，一再考驗他解決問題的能力。

每一個虧損與獲利都在掌握之中

第一個十年，他創「新」公司，從摸索到擴大；第二個十年，他創「舊」公司，把幾乎關門的公司重新整頓起來；第三個十年，公司站穩腳步，轉虧為盈，準備迎接擴張期，二〇一〇年，決定投資蓋新的12吋晶圓廠，結果迎來第二個可預測的虧損。

這個可預測的虧損，指的是旺宏從二〇一〇年以八十五億元購買茂德竹科12吋晶圓廠後，到二〇一六年間，總共虧損兩百三十億元，二〇一六年的淨值甚至低於五元，被打入全額交割股。歷經五年的虧損，股東著急，媒體稱旺宏投入研發經費過高，是同業的一倍至數倍以上，尤其研發無法立即變現，不符合效益，但吳敏求一概隱忍下來。

二〇一六年下半年，旺宏就再度轉虧為盈，二〇一七年，獲利達五十五億元，股價也從原來的四元，上漲至六十元，漲幅高達十五倍。外界遂稱旺宏為妖股，股價暴漲暴跌，吳敏求無奈地說：「他們都不懂。」談到二〇一〇年可預測的虧損，他指出，事實上旺宏成立三十年來，真正跌入谷底，只有二〇〇二年嚴重虧損的那一次，至於二〇一〇年旺宏碰到的問題，其實就是早年台積電碰到的問題。

一九九三年，台積電擴廠，新廠蓋好至少需要三到五年的時間，擴廠這段期間沒有廠房可以消化訂單。當年吳敏求主動打電話給台積電談合作，由旺宏提供廠房及人力，台積電出錢買設備給旺宏，旺宏可以用台積電買的機器設備幫他們做產品，提供一萬片的產能。三年後，台積電的廠房蓋好，台積電再把整個事業搬回新廠自己做，正好無縫接軌。但二〇一〇年，吳敏求卻沒有選擇。當時旺宏谷底重生後，靠唯一的一座8吋廠，賺了很多錢，但是緊接著就面臨一個問題：要不要建12吋廠？原來蓋的晶圓三廠，因為公司虧損，賣給了力晶，剩下的8吋廠，技術只到七十五奈米，沒辦法做新製程與新產品，必須另外買12吋廠，才能開發新的製程與產品。

當時盧志遠也對吳敏求說，旺宏的8吋廠雖然獲利了不少，但是未來將會愈賺愈少，因為產出就只能這麼多，技術也只能到這個層次，如果沒有12吋廠，就會愈做愈小。兩人都同意這是一條必經之路，旺宏要繼續發展下去，就非買12吋廠不可，沒得選擇，否則公司一定關門，而早一步進到12吋廠，總比晚進好。於是從二〇一〇年開始，旺宏展開了第三個十年的擴張期，將前幾年賺的幾百億元資金，再度投入向茂德買下12吋廠。

用五年布局下一個榮景

買廠花了八十五億元，除此之外，還得投資製程及昂貴的機器設備，歷經五年的折舊，投入三百多億元。換言之，從蓋好到開發製程，大概至少需要兩到三年時間，開發完製程後，還要開始設計ＩＣ，這也需要約兩年時間，做完之後，再開始給客戶應用，需要五年時間才能量產。

吳敏求解釋，買廠之外，為什麼需要同時研發新技術，因為如果買了12吋廠及先進設備，卻做舊的製程，當然沒有競爭力，賣的價錢有限，賺不到什麼錢，而這五年期間財務上又要折舊，加上研發12吋產品的技術，需要時間，當然也無法立即變現，於是，從二〇一一年到二〇一六年，連續五年財務必然都處於虧損。

然而，這次的虧損是屬於「可預測」的虧損，也就是只要經過五年的財務折舊，加上新製程開發完成，旺宏就會開始谷底攀升，這也是為什麼就算財務數字是赤字，他一點都不緊張，因為他清楚五年後會開始賺錢。

果然，二〇一六年下半年，旺宏的12吋廠折舊結束，卸下折舊攤提重擔後，旺宏開始賺錢，毛利率立刻攀升，股價也一飛沖天。在吳敏求看來，這些都是必然的結果，只是外界霧裡看花，以為旺宏因為二〇一一年全球半導體不景氣才虧錢，但是吳敏求再三強調，第二次的虧損跟景氣無關，旺宏唯一虧錢就是在二〇〇二年時，就連二〇〇八年金融海嘯，全球不景氣，只有旺宏是賺錢的。

當時，全球經濟雖然不景氣，但是旺宏的大客戶任天堂的遊戲卻大賣，加上旺宏技術好，所以那段時間，全球半導體都虧錢，只有他們賺錢。當外界指他過度將營收的六〇%放在ROM上時，導致營收受到客戶及景氣波動，吳敏求卻堅信，專注把一件事做到最好，才是最重要的。果然，二〇一七年，任天堂推出Switch，採用旺宏的ROM，在全球大賣，加上五年折舊結束，旺宏再度轉虧為盈。

不過，這次買12吋廠的經驗，必須忍受五年財務折舊虧損的陣痛期，讓他有了新的領悟。他說，旺宏已經擁有12吋廠，以後如果還要再擴廠，他一定會先把一切準備好，包括技術、產品及客戶，有了成績再去擴廠，就不再有折舊問題，也相對安全。

不爭一時，爭千秋

二〇二一年，旺宏再度啟動擴廠計畫，並獲董事會核准，預計將投資四百多億元。去年十一月的法說會上，有人質疑擴廠是否又要面臨折舊的問題，質疑他賺了錢，是否又開始膨脹。他再度嘆氣，擴廠是為了要做新技術與新產品，有了新技術，現有的客戶會更感激，也才能賺更多錢，這才是重點，所以他才投資。更何況，二〇一〇年的擴廠是沒得選擇，因為旺宏只有8吋廠，必須儘早買下12吋廠，才能維持長遠的競爭力。但旺宏最辛苦的時期已經過了，有了12吋廠，以後的任何擴展都會基於技術已經準備好，只要新廠啟動就可以量產。

雖然第二個低谷是可預測的虧損，但是這期間媒體指他不夠務實，不應過度集中在一個產品上，股東也著急，多所怨言，即使他天生抗壓性比別人大，但忍不下去時，他就會寫書法練字。

吳敏求感嘆地說，他這一生裡，學到了一件事，就是「忍」。這是因為他的個性很衝，又是個不服輸的人，但是過去這些年不斷面臨巨大挑戰，也一一克服後，讓他慢慢學習到，有時衝沒有用，很多事情必須吞下去，因為他深知：「最終的成功，不是你在外面談什麼，而是最後你做得比別人好，你能不能生存。」

Chapter 20

研發人才的天堂：

不做 me too 產品，堅持技術自主

二〇一一年，美國權威調研諮詢機構專利委員會（The Patent Board）公布全球半導體企業專利排名，結果前五十名榜單中，台灣僅有兩家公司入選，一個是旺宏，一個是台積電。旺宏的專利實力評比排名全球第十八名，台積電排名第二十三名，領先台灣其他半導體公司。

當外界批評旺宏過度重視「無法立刻變現」的研發時，即使在虧損期間，旺宏始終堅持將年營業額的一〇%到一五%投入研發工作，二〇一一年時，全球專利申請量已累積超過六千七百多件，並取得超過四千三百項專利，其中六五%為國際專利，到了二〇二一年，更累計擁有八千六百多件專利。

做全世界沒有人做的東西

吳敏求從來不砍研發經費，甚至公司虧損時，他還加碼研發經費達年營業額的二〇%。他對研發非常執著，從創業第一天就堅持自主研發。早期，競爭力對旺宏很重要，必須先站穩才能前進，所以大部分賣的是標準產品，並且找到願意大量購買的好客戶。

旺宏上軌道後，吳敏求開始調整研發方向，朝品質精進邁進，嘗試去做別人還沒做到的東西，思考點也著眼在未來世界需要什麼產品，並著手研發。他認為，只有做好研發工作，才能讓公司永續經營，尤其旺宏不是最大的公司，只有在研發技術上跳躍式的創新，才能超越對手。

然而，什麼是跳躍式創新？吳敏求說，就是做全世界都沒人做的東西。

盧志遠表示，研發非常重要，但要投入很多資金與精力，還很危險，因為研發如果失敗，公司很可能就倒了，所以聰明的商人都不會自己做研發，而是用買技術的方式，透過技術授權來經營，至少這些技術已經證明是可行的。

願意看長期，投入在這個產業很久的人就會走研發這條路，但這又牽涉到一個很重要的因素，那就是老闆是否允許研發失敗？如果不允許失敗，大家就會因襲別人的東西，最後還是無法創新。而能允許失敗的老闆，是因為他們懂得就算失敗，本來七十分的東西，會因為失敗學習到新東西，反而進步二十分，吳敏求也稱這種失敗叫做光榮的失敗。

不過，失敗的拿捏也必須非常精確，否則如果都朝不可能的方向前進，公司一定會倒閉，這也就是為什麼吳敏求要將研發經費分短中長三個層級來做的原因。就算是跳躍式創新也需要界定清楚，否則無限上綱，只會讓人無所適從。他對創新的界定方式分為三個層次，也就是將研發經費分成五〇%、三〇%及二〇%三種比例。

創新也需要管理

首先，五〇%的研發經費，提供給五年內的研發工作，因為公司要生存，需要有產品出來；另外三〇%的研發經費，提供給研發未來五到十年內仍具有競爭力的產品；至於二〇%的研發經費，則提供給研發未來十年以後的產品。

他解釋，創新也需要管理，上下游都要兼顧，不能只做先進的研發。旺宏的第一個十年後，大家都認為要做就要全部都做先進的，結果先進的東西愈做愈貴，數量也很少，到最後撐不下去，就造成公司嚴重虧損，也因此流失許多優秀人才。因此，他透過五〇%、三〇%、二〇%的比例，讓旺宏不但有現有的東西可做，還有源源不絕的新子彈讓公司持續保持競爭力。

為了讓研發人員心無旁騖地工作，他告訴研發人員不必擔憂公司盈虧，只要有好的想法，就放手去做。也因此，除了大方提供研發預算外，研發人員需要的設備及材料，旺宏也都全力提供。即使在產能供不應求時，仍然留給研發人員充裕的晶圓去做實驗，雖然12吋晶圓一片動輒需要數千美元，旺宏仍捨得提供給研發人員。

吳敏求非常鼓勵研發人員申請專利，還提供豐厚的獎金，研發部副總洪俊雄自己就擁有數百個專利。他表示，公司會提供兩筆獎金，一種是申請成功就發獎金鼓勵，另一筆更豐厚，叫做專利應用獎金，這也是他最喜歡拿到的獎金，他總共拿過三次。如果公司拿了他所發明的專利去談判，或是在專利訴訟上打贏，就會分享獎金給他。例如，旺宏打贏美國半導體大廠飛索的專利官司，因為當中用到他的專利，他也因此受惠。

除了獎金外，他表示，每年公司都會給研發部預算參加國際發表會議，有論文發表的人當然會去，沒有論文發表的人，每年也會派人前往現場觀摩。「去聽、去看新東西，當場聽人家問什麼問題、怎麼回答，取得知識，還可以跟其他公司同樣領域的人交朋友，公司很捨得給這種錢，眼界自然會不一樣。」洪俊雄說。

鼓勵找出更好的工作方法

吳敏求除了鼓勵研發人員創新外，很早就在公司設立年度獎項，鼓勵全公司的人一起動腦創新，並名為「創新品質效率服務團隊獎」。洪俊雄說其實獎金不多，只有幾萬元，卻是全公司搶得最兇的獎項，因為這是一個榮譽，專利獎相對容易取得，但要取得「創新品質效率服務團隊獎」極為不易。

吳敏求有多重視這個獎項？每年公司高層都會放下手邊工作一天，專心當競賽評審，付出極大的時間成本。為了獲得這個獎項，員工會去思考如何用創新的方法落實在生產上。有一年獲得創新大獎的不是研發部，竟然是人資部，因為他們發明了與科技大學合作的方式，讓科大學生可以既取得學位，又能進入職場有所貢獻，成為公司人才的來源，也因此獲獎。洪俊雄說：「Miin 最在乎的就是品質與表現，創新獎就是鼓勵大家找出更好的方式，把工作做好。」

吳敏求對研發的態度向來不是為公司省錢，而是找出競爭力。以旺宏最近進行的SSD（固態硬碟，solid-state disk）專案為例，全世界只有幾家公司能做，旺宏是後起之秀，因為有 know-how，希望全力研發，但是研發人員的企劃才提出來，立刻被吳敏求打槍。他直言不諱地指出：「你這個企劃一定不會過，因為你三年、五年以後做出來的東西沒有競爭力，你錢也花了，所有人力都花了，但是沒用。」

他的意思是，要比的不是現在，而是未來五年後的競爭力。但研發人員反駁說，這個五年後的競爭力產品，現在還沒有實驗室做過。吳敏求告訴他：「這就對了，因為還沒有實驗室做，就表示還沒有人做出來，你才有機會；如果別人做到了，你哪有機會，這才是你要做的。」

研發人員又向他反映研發成本很貴。吳敏求斬釘截鐵地說：「那更要傾巢而出，你不能嫌貴就不做，達到了，才有生存空間。」該省錢的地方，多花一毛錢，他都會去挑戰，但是他不要「me too」的產品，堅持把事情做對，錢不是問題。他的原則是：「玩不過人家時，就玩你能玩的東西，等到可以玩的時候，就要玩第一名。」如果研發的結果不如理想，他也會在結案時，請研發人員說明從這個專案裡學到什麼，如何應用到下一次。

讓品質說話，客戶主動找上門

旺宏如今可以把產品品質做到世界第一，都是經過三十多年來千錘百鍊的結果。他指出，品質好的背後，不能光靠測試，因為測試不見得能完整測出品質好壞，而要運用大量的數據來檢測，尤其半導體製程十分複雜，一片晶圓從投入到產出，中間經歷數百道或數千道工序，如果哪裡還不夠好，系統也能偵測出來，然後繼續改善，讓產品更完美。這也是為什麼旺宏成立之初，就成為全球第一個將ＡＩ及大數據導入半導體生產的公司，也是全球第一家將產品不良率衡量指標從ＰＰＭ（百萬分之一），提升到ＰＰＢ（十億分之一）等級的記憶體廠商。

有一次，他到華盛頓州拜訪一家由華盛頓州立大學教授開設的公司，這家公司原來是跟美國飛索半導體購買產品，但是後來飛索的技術出了問題，讓他們很頭痛，只好到市面上找替代產品。他們先買來自己測試，測完之後，發現旺宏的品質最好，當時他們從未聽說過旺宏，於是邀請旺宏的人前來拜訪。

吳敏求抵達後就向這家公司解釋，旺宏有一套自行研發名為 Super NOVA（sNOVA）的系統，從產品設計、研發到生產製造，都透過這個系統完成，藉由大數據與統計學，讓製程管理更精確、品質更好。這家公司的代表請旺宏午飯後再回來，並請公司 CEO 到高層主管都來聆聽吳敏求的簡報，簡報完後，他們就決定採用旺宏的產品。

吳敏求說，這就是他從來不應酬的原因，他不認為吃吃喝喝對生意有幫助，反而有害健康，經營的重點在於品質，因為只有品質才會替公司說話。

價值才能吸引對的人

有人說，旺宏是研發人才的天堂，喜歡研發的人會喜歡待在這樣的環境。在高薪挖角頻傳的今日，吳敏求認為，總有別家公司會付更多錢挖角，所以他要培養的是對的人才，如何讓他們在旺宏的工作環境中看到不同的價值，才能讓他們願意待下來。

例如，過去有很多研發替代役的學生到旺宏參與製程與元件的開發，進入旺宏工作後，發現自己在研發上的熱情有發揮價值，有些後來甚至是世界有名的科學家。他指出，有的公司確實高薪求才，但是加入後才發現學不到任何東西，但人對工作的追求不只有金錢而已。他也曾聽說公司裡的年輕工程師，包括他們的家人或是女友都曾建議他們應該去其他名氣大、又賺錢的科技公司，不一定要留在旺宏。

他觀察工程師分兩種類型，第一種在旺宏工作兩年就離職，因為不適應旺宏的做事方式，或是認為別家公司可以賺更多錢；另一種類型，也就是如果在旺宏工作超過兩年、還沒有離開，就代表會留下來很久，因為他們很享受旺宏對研發的重視，即使後來離開，卻發現其他公司沒有像旺宏如此重視與鼓勵研發，便會重新回到旺宏。因此，旺宏回流的人才不少，因為到其他公司待了一、兩年，發現自由度沒有像旺宏，發揮空間也不大，薪酬與旺宏也差不多，就會再回到旺宏。

這個自由度指的是，旺宏非常鼓勵員工創新，只要專案審核通過，就會放手讓員工去嘗試，尤其旺宏在台灣半導體業很特殊，其他公司都是透過技術授權，發揮空間有限，但旺宏從頭到尾都自己開發，從最源頭的智慧財產權開發、產品設計、產品規格、製程都是自己設計，從來不向其他公司尋求技術授權，員工自我實現的空間也就很大。

網羅人才，待遇、尊重、舞台三者缺一不可

當年吳敏求三顧茅廬，延攬總經理盧志遠加入旺宏，最後盧志遠決定選擇加入旺宏，也是因為旺宏對研發的重視。盧志遠曾分析為什麼旺宏是研發人才的天堂。他指出，研發人才需要的尊重有下面幾個層面：

首先，尊重待遇，薪資條件要跟業界一樣水準，否則待不久。關於這一點，吳敏求曾經再三強調，媒體喜歡報導知名公司的待遇優渥，但是事實上，在旺宏，研發人員的薪資福利並不比其他知名科技公司差。不過，盧志遠也強調，給予研發人員的待遇，合理很重要。如果給得太好，代表他是為了這份薪水而來，對研發其實沒有興趣投入。想要員工做多少事，就要給合理的條件，才能僱用到適合的人，這是最起碼的尊重，最忌諱的就是嘴巴講尊重，薪水卻給得很低，當然無法留才。

其次，尊重專業，也就是要去關心員工的研究、做法與方式，但是又要給出自由。聽起來難以拿捏，但盧志遠認為，關鍵在於發問的人要懂研發，才能在詢問研究為什麼要這樣做或聽到精采處時給予鼓勵。也因此，旺宏不僅舉辦競賽，鼓勵研發，只要員工申請專利通過，也一定給予高額獎金。

第三，給員工發表的機會。盧志遠指出，旺宏發表的論文一度是全台第一。為什麼在國際知名研討會上發表很重要？他解釋，首先在國際場合發表，可以提升全球能見度。尤其旺宏不像英特爾與三星這麼有名，所以一定要去國際發表論文，在這個國際發表的場域裡，聚集的全都是業界高手，在那裡發表論文，等於被全世界看到；而別人看到旺宏這麼小的公司卻有這麼多不錯的研究份量，在業界久了，就會尊敬。

旺宏提交的論文審核，有不少比例會被接受，這是很高的肯定，尤其實際親臨現場，在台上發表時，底下坐著數百位來自全球各地的業界人士，更有助於提升旺宏研發人員的信心，開拓國際視野。另外，他強調，研發人員一定要先做好專利保護才能發表論文，這是基本條件。因為有了專利保護，就不怕別人學，只要想使用旺宏的技術，就必須付錢。

不以公司大小決定合作對象，要求平等對待

正因為旺宏的品質是經過千錘百鍊研發出來的，吳敏求在與客戶合作上，非常要求平等對待，他說：「台灣唯一不跟蘋果簽約的半導體公司就是我。」他自嘲說，他這個人脾氣很拗，旺宏曾經打入 iPhone 手機的供應鏈，一年提供超過一億顆的 NOR Flash 給蘋果，後來蘋果要購買更大量的 NOR Flash，只要旺宏肯簽下合約，生意就全拿，但吳敏求拒簽。

他表示，蘋果給供應商的利潤太低，要求又多，旺宏的產品有價值，他為什麼要簽這種不平等條約？旺宏投資許多錢做研發，如果沒有合理的回報，量大又如何，與其做這些不賺錢的生意，還不如把精力放在可以賺錢的地方。面對蘋果的大單，雖然量大，但他寧可不做，他拒絕不對等的合作。相反地，客戶要求的量不大，但是肯定旺宏的價值，他十分樂意合作。

有一次，他帶公司員工到拉斯維加斯，在秀展旁邊租了一個地方展示公司產品。當時有一家由西雅圖心臟科醫生剛創立的公司，做的是觀察心臟活動的系統，帶著工程師來現場，希望旺宏支持他們。這家公司想做一套可以二十四小時監測心臟跳動的貼片，隨時將心臟跳動的訊號傳送回監測站，但做這個貼片並不容易，做出來的貼片不能有電磁波干擾，然而由於這個貼片本身會產生訊號，一旦電磁波將有雜音的電波傳出去，監測站就會讀到錯誤訊息。

於是他們試了很多 Flash，只有旺宏的 Flash，EMI（電磁干擾）是零。這家公司告訴吳敏求，他們只是一個剛創立的小公司，需要的 Flash 數量不多，但是願意付高價，希望旺宏長期支持他們，因為他們的企圖心就是要做這個可以救人的心臟貼片。

吳敏求立刻答應供貨給他們。他說量大或量小不是重點，重點是對方看中旺宏的品質，救人又是好事，旺宏願意獨家供應這家公司。本來這家公司預計隔年營業額會成長，可以購買更多的 Flash，但是第二年，營業額沒有預期的成長，對方深感抱歉，希望旺宏可以耐心等待他們成長，吳敏求表示沒問題，他自己也創業過，非常清楚創業的困難，認為這家公司的產品是好東西，給的也是合理價錢，他願意耐心等待。

做生意彼此尊重很重要，如果對方沒有尊重旺宏的產品，吳敏求寧願不做這個生意。事實上，同樣的客戶，在同樣的應用上，旺宏的產品價格可以較其他產品高出一〇%，為什麼旺宏有底氣可以賣得這麼高？正是因為旺宏提供了別人供應不了的東西。吳敏求認為，做生意無法取悅每個客戶，但是只要有一半的人必須用到旺宏產品，而且認同其價值，他們就會全力以赴。

二〇一四年開始與旺宏合作的華為，其 Memory 採購認證部部長張丰宇非常肯定旺宏的產品品質。

他對旺宏不斷追求品質和信守承諾的印象極為深刻。他指出，旺宏的 Flash 產品規格非常齊全，從消費級、工業級到車規級的原料全都覆蓋，但工業和車規應用往往要求較高，很容易出現品質問題，但旺宏持續打磨生產製造流程，把良率和製程能力都做到最優，同時也願意傾聽客戶需求，接納華為的加嚴測試要求，失效分析也非常高效，有力支撐了華為高品質的產品目標，真正實現了雙贏。他也特別指出，吳董事長非常守時，會議必定準時出現，這些都得到了大客戶的認可與尊敬。

吳敏求說，我們現在要找的客戶有兩種，一是會感激我們品質技術的客戶，量不大，但是願意付合理價格，穩定跟我們做生意；另外一種是做量大的產品，兩個結合在一起，公司成長就會相對穩定，我們再將賺來的錢繼續投資研發新產能，公司就可以保持長久的競爭力。

Chapter 21

創價，從重研發開始：

堅持台灣半導體業要走出代工宿命

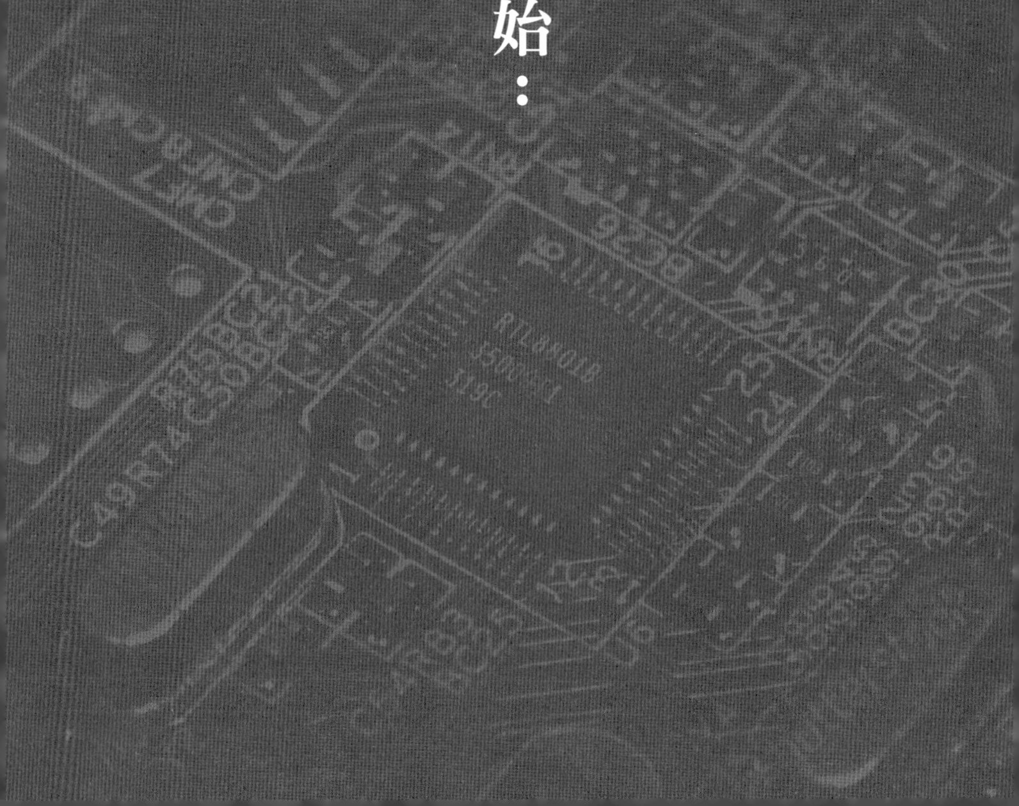

二〇二一年十二月初，李國鼎紀念論壇邀請產業界領袖，包括台積電、聯發科、日月光及旺宏董事長吳敏求齊聚一堂，為台灣產業未來發展方向與面臨的挑戰，提出寶貴建言。

Q＆A時，提到系統整合量子電腦，吳敏求舉手直言道：「要做系統整合滿好的，但是我們要注意一件事，不能再很便宜賣給人家了，我們要有自己的價值存在。」向來敢做敢言的他指出，如果一個公司沒有自己的價值，做系統整合就是幫人家做苦工，而台灣現在就是在幫人家做工，因為沒有know-how，講白一點，系統整合都是英特爾或AMD（超微半導體）做出來的，台灣只是代工而已，其他都是人家弄好的。

這番諍言一出，全場鼓掌。

投資研發就不怕中國威脅

吳敏求感慨，台灣的問題在於經濟發展過程裡，最大的苦處就是早期家庭及工廠幫忙做外銷時，都是做便宜的代工，造成台灣長期低薪，因為老闆習慣賺低毛利，所以給員工的薪資也很便宜。他認為現在台灣的重點應該放在，創造自己的 know-how，才有價值。

由於台灣科技業經過三十多年的代工，在過去這十年確實累積技術到一定程度，也做出競爭力，但這個方式是否正確，他表示存疑，在他看來，台灣還是在做 me too 的工作。

盧志遠也分析，科技業代工有兩種，一種是拿了人家技術，我就幫你做，也就是你技術給我，我還要付一些錢給你，我拿去賣一顆的錢，要提撥一定的比例給技術授權的公司。台灣多數科技公司都是這樣，每一家背後都有一個主子，跟他買技術，照著做就對了，但這不叫做自有，因為如果對方倒了，台灣的公司也會跟著倒。當年台灣所有做 DRAM 的公司今天為什麼會變得這麼慘，就是因為他們的母公司倒了。做半導體如果長久代工就會受制於人，因為你長不大，沒有自己的品牌，賣技術給你的公司把你看做海外工廠而已。

在堅持自有技術與自有產品上，一直走在一條孤單道路上的吳敏求直言，台灣最大的問題是，大家都不想花時間做長時間研發，太短線操作，產品都不是自己開發，而是別人

250

做好的，經過加工再拿到外面便宜賣，毛利雖低，但是大量生產還是可以做大。更何況，做自己產品的缺點在於，因為市場有限，營業額要變大不容易，而做代工的好處是，不必負擔產品在市場上的競爭力與輸贏，只要根據對方的要求生產就好，也省了一半資源與金錢。

影響所及，從媒體到投資人，大家都習慣這樣的經營模式，看到旺宏動輒投入別人數倍的研發經費，反而認為不正常，質疑為什麼要投入這麼多的研發經費？但事實上，國外在研發經費上，也是每年提撥營業額的一〇%以上。

「一個遠見，通常要二十年到三十年才會顯現出來。」這是吳敏求的感慨。每一種事業都有它的成功模式，沒有好或不好，但是從他的角度來看，台灣如果只會代工，總有一天會遭遇到困境。

吳敏求認為首先遭遇的很可能就是來自中國大陸的威脅。因為中國大陸的技術不會永遠落後台灣，不會停在那裡，雖然台灣現在會的，中國大陸還不會，但是他直指核心，台灣做的很多還是 me too 的產品，而非走在前面的領先者，一旦中國大陸技術起來，很快就會趕上。所以他才在論壇上，呼籲大家要想得遠一點。他甚至硬氣地說，我寧可整個公司關門，也不會只為了賺一點錢走近路，雖然眼前賺到了，卻無法走長。

提供別人不能提供的價值

吳敏求從創業一開始就要求跟客戶平起平坐，在美國工作十幾年的他，認為公司彼此之間應該基於平等條件談合作，拒絕吃悶虧。只不過，旺宏剛創業時，想要堅持平起平坐很困難，因為與客戶談判時，對方會說，每家公司都接受同樣的合約條款，為什麼你們不接受？吳敏求會說，因為我跟別人不一樣。

這個堅持的背後，在於一定要提供別人所不能提供的價值，才有談判空間。如果只做 me too 的產品，自然毫無談判優勢。這就是他一直強調研發的重要，因為所有東西都有相對存在的條件，只有靠自己的技術研發出特殊價值，才有能力堅持平等談判。

吳敏求語重心長地說：「做為經營者一定要學會一件事，那就是自己的價值要能賣得出去，如果自己的價值賣不出去，就對不起員工。」包括打國際官司，到目前為止，旺宏是台灣唯一在國際上打贏專利官司的科技公司。

Chapter 22

打贏國際專利官司：

優良專利品質，使競爭對手屈服

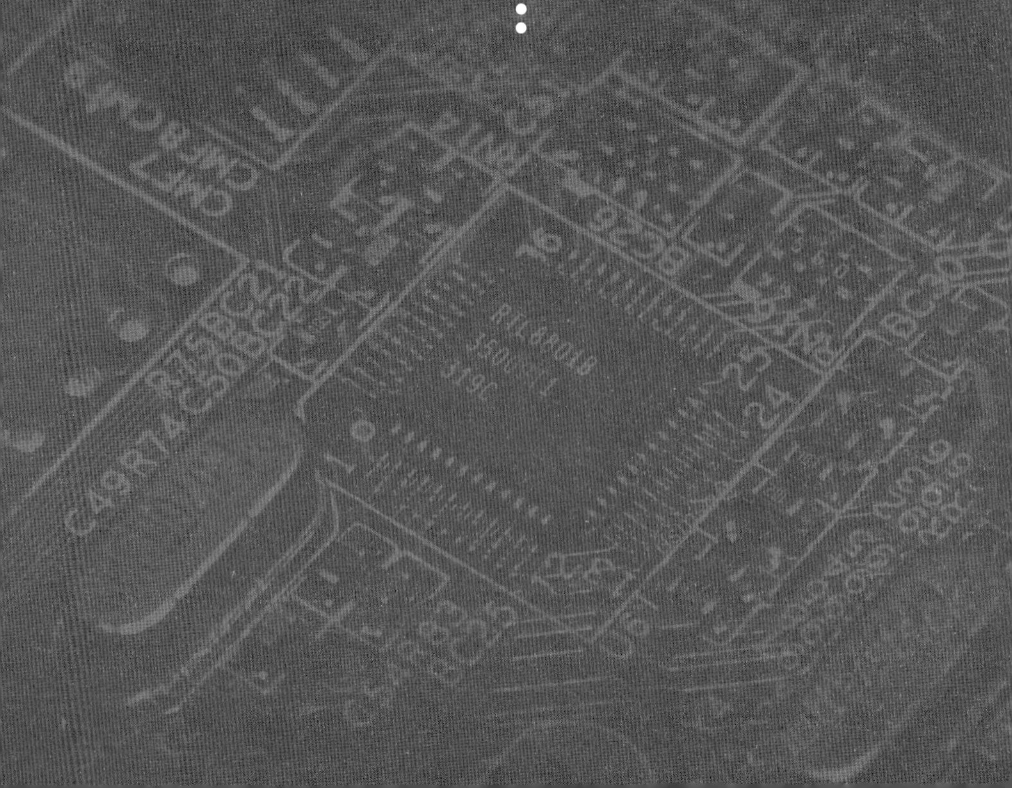

二〇一三年，美國半導體公司飛索在美國向美國國際貿易委員會（ＩＴＣ）及北加州，控告旺宏電子，侵害該公司六項快閃記憶體專利，隔年又再度向ＩＴＣ控告旺宏侵害另外四項專利。

無獨有偶，旺宏在面對飛索控告專利侵權之餘，日本東芝也開始寄出警告函給旺宏，指旺宏侵害其專利權，要求賠償。

過去，台灣公司面對國際大廠的控告，向來不敢以卵擊石，有時，為了息事寧人，還得賠償巨額金錢，代價極大。但是，這兩家國際級大廠碰到半導體鐵漢吳敏求，就硬生生踢到鐵板。吳敏求拒絕息事寧人，並理直氣壯地說：「我沒有侵權，為什麼要付錢？」兩場官司，旺宏不僅打贏，還是台灣唯一向對方收錢和解了事的科技公司。

台灣唯一打贏專利官司的半導體大廠

二〇一三年，旺宏在罩幕式唯讀記憶體的市占率已經是全球第一，NOR Flash 也進入全球前三大，雖然飛索在這方面排名領先他們，但是吳敏求指出，飛索非常自豪他們擁有多年經驗，且產品品質好，但是旺宏的品質其實更好，成本也較便宜，這是因為旺宏有獨門技術，包括一套自行研發，名為Super NOVA（sNOVA）的系統，可以將統計與半導體的主宰技術結合在一起，讓製程管理更精確、品質更好。

二〇一三年八月，飛索在美國控告旺宏後，旺宏立即反擊，並向美國ＩＴＣ控告飛索及其關係企業等製造或販售的產品，侵害旺宏三項專利。二〇一四年，旺宏增列額外四項被侵害的旺宏專利，請求ＩＴＣ依法禁止飛索侵權產品進口美國，或在美國銷售。

同時，旺宏也赴德國控告飛索等將內建侵權元件的產品進口德國，除了應賠償旺宏的損失外，也請求法院頒布禁令，禁止該等產品進口德國，或在德國販售。此外，旺宏也在美國地方法院提起專利侵權的損害賠償訴訟，並向美國專利商標局（ＵＳＰＴＯ）舉發飛索的特定專利無效。

二〇一五年，旺宏與飛索雙方對於全球的專利訴訟及爭議達成和解，旺宏也自該和解案收取三千萬美元現金賠償及其他利益。

飛索官司後，吳敏求專心應戰東芝的侵權官司，並發現東芝也侵權旺宏專利，因此，他立刻指示在美國ＩＴＣ及南加州等法院對東芝提出專利侵權告訴，要求停止侵害旺宏NAND Flash與NOR Flash等專利，並賠償旺宏的損害。東芝隨後在台灣法院，反控旺宏侵犯其專利，並向日本專利特許廳提出旺宏侵害專利的請求等行動。幾番攻防與協商後，二〇一八年，美國ＩＴＣ判定東芝侵害旺宏專利，雙方也以東芝支付旺宏八千萬美元和解落幕。

跨國爭議雖然耗時費力、所費不貲，但透過國際法律攻防的實戰經驗與深刻體會，不論是工程師的研發規劃、專利或營業祕密布局，又或是專利工程師、法務人員或行政人員等等，旺宏員工均有長足進步，也加速旺宏在智財與法律攻防體制的建構。當然，旺宏迄今仍是台灣唯一在國際專利訴訟上打贏美日等跨國科技大廠的企業，並在國際間盛傳，令人刮目相看。

有能力辨別、有智慧布局、有勇氣決定

從旺宏設立後不久，就參與旺宏各項業務與戰役的跨國資深律師李貴敏指出，執業近四十年，參與各類重大跨國交易與爭議案件的經驗顯示，台灣企業面對國際交易時，絕大部分的經營者都害怕或討厭法律問題，覺得晦氣，也只想閃躲，只求花小錢解決的心態早為國際熟知，也屢屢成為鎖定的目標。但是，吳敏求跟其他企業經營者不一樣，他敢面對爭議、面對問題、敢做決定，更敢承擔後果。

尤其，她指出，國際談判花樣眾多，每個步驟都要有明快的決定，而每個決定雖有好處，但也有風險。一步錯、步步錯，尤其涉及訴訟的案件，更是沒有迴旋的空間。一旦走錯，就像叉路分出去，所以一定要能夠務實地掌控事前預設的目標。

同時，過程中總有煙幕彈，必須有能力辨別、有智慧布局、有勇氣決定。相關成員承受的壓力自然很大，尤其是吳敏求必須概括承受所有的後果，而美國又是全球第一大市場，判決結果勢必影響旺宏產品輸美與日後公司業務的拓展和產品銷售，更是需要冷靜思

考與判斷。

以飛索案為例，飛索是旺宏的主要競爭者，當時飛索在 NOR Flash 領域是世界第一，旺宏第二，這場戰役就是老大與老二之間的戰爭，各方均輸不起，沒有輸的本錢。或許這就是飛索挾其為美國公司的優勢，在美國打官司，認為旺宏這個台灣公司鐵定俯首稱臣，一定會輸。只是飛索遇上了吳敏求，踢到鐵板，敗陣而退，不得不付費，和解收場。

李貴敏律師表示，每次接觸都讓她對吳敏求感到佩服，表示吳敏求非常聰明，理解力極強，雖然沒有法律背景，但總能抓住重點，觸類旁通、及時決策與應變。對於合作夥伴也始終秉持「疑人不用、用人不疑」的原則，因此，旺宏與其外部律師或合作夥伴間，均維持長久良好的合作關係，在問題發生時，相關成員也多能及時加入，立即提供建議與因應。

以專利案件為例，在專利及相關技術上，旺宏均長期諮詢特定美國專利律師，不像一般公司把專利申請丟給專利事務所處理。殊不知專利布局、專利申請範圍、專利用語、申請國別與優先順序均甚重要。除非有實務經驗，並且身經百戰，否則就算取得專利，也未必具備攻擊性或防衛力。畢竟，專利可因先前技術的存在而被舉發無效。因此，只有具備專業以及國際實戰經驗的律師與團隊，才知道如何有效運用資源，適時出招或防衛。在國際交易或爭訟上，理論或表面形式雖能充充面子，因應一時，但皆不管用，紙老虎的外衣一旦被撕破後，負面效應仍將排山倒海而來，極其不利。

不挑安全的路走，對的就堅持到底

創業以來，吳敏求皆秉持著「務實」與「創新」的理念經營，著重研發與高品質，對於爭議多採「別人不惹我們，我們多半不主動出擊」的態度。李貴敏律師也表示，這些年來不論是經營權之爭、各類交易或爭議案件，旺宏都是被迫防禦後，反手出擊攻城掠地。如果沒被告或被算計，吳敏求都是延續東方人有話好說的傳統美德。但是，若是對方出手，他就一定反擊。尤其，國際大廠長久以來認為對付台灣公司，就是以訴逼和，也就是告了你，就可以索賠和解。但是，吳敏求完全不同，一旦被告或被算計，就會著手反擊。

眾所周知，各類交易或爭議，協商談判絕對免不了。其中，要考量的因素也不只法律，還包括商務往來、揣摩對方心理與立場等因素。甚至，和解的出手時機、方式與地點等等，都是重要關鍵。太早或太晚，均未必妥當，也一定是彼此都有風險需停損，才有和解的空間。

正因為有這麼多因素要考量，下決定本來就很困難，因為每個因素都有它的好或壞，而且互為關聯，而非單一決定就可了事。所以經營者除了要敢做決定外，腦筋還要很清楚，才能依循邏輯往下走。也因此，一般人在過程中，會選擇最安全的方式走，以避免風險。但是，吳敏求不是，即使過程曲折，他仍選擇對的路走。這些年來，驗證了他的決定都是對的，事實也證明旺宏可以突破困境與障礙，成就今日的國際地位。

李貴敏律師記得，當時為了這些國際訴訟，她每天睡不到兩、三個鐘頭，再加上歐美與台灣的時差，不論是與國外律師的溝通，或是與對手的談判，往往必須在半夜進行，而國外律師未必熟悉旺宏，他們寫的狀紙，如果不改，通常錯誤連連，她笑說：「經常改到抓狂。」

她也指出，其實很多台灣廠商打國際官司時，以為國外律師都能掌握真正的問題及台灣廠商的技術，其實不然，這也是為什麼台灣廠商訴訟常常會輸。不可諱言，台灣廠商及其法務通常不看狀紙。一方面因為英文不佳，不了解外國法律及用語，另一方面總以為國外律師寫的一定對。但事實上，國外律師未必有相關技術或產業背景，就算有，也未必能在短時間內熟悉涉案的技術或公司營運作業。因此，跨國交易或爭議的文件絕對不能不讀，因為錯誤的機率很高。

她記得，有一次國外律師提供的狀紙居然直接從類似案件移植，連公司的名稱及技術都沒改就送來。如果沒有及時發現並更正，正好給國外司法機關或相關單位看笑話或藉機拒絕我方的答辯。何況，訴狀或法律文件向來都是各方主張或溝通的重要依據，而且訴訟要打贏，邏輯很重要，也才能說服法官。所以，她看狀子或法律文件時，一定是逐字推敲，逐一確認，再加以修改，絕不放任國外律師隨便處理。

此外，李貴敏對於吳敏求，除了感佩他的擔當與敢做敢為之外，工程師出身的他，卻有高度的法律敏銳度，常常不用細部分析，只要講結論及可能的影響，就能立刻決策。不論是談判的時機、地點或過程，吳敏求都能掌控得天衣無縫。當然，決策者應權充好人、唱白臉，而壞人及黑臉就都由律師扮演。

記得與飛索談判時，原本飛索的決策者正在亞洲出差，李貴敏律師因此建議就近在亞洲會談，但對方卻堅持要在美國本土談判，最後雙方互讓一半，選擇在夏威夷談判，這就給了旺宏一個指責對方沒有誠意的理由，所以一到夏威夷，見到飛索的CEO以旅途疲累做為遲到藉口時，李貴敏律師立刻諷刺他明明選在亞洲對大家都方便，卻要選在夏威夷，讓大家轉機半天才到。

「我記得飛索的CEO被我氣到面紅耳赤，大發雷霆，跟吳董說他不要跟我談，他還是跟吳董談比較好。」李貴敏律師笑說，對方還說從來沒有人敢用這個態度跟他講話，但是她本來就是要故意激怒他，激怒他之後，就會認為唯一的解法，就是跟吳敏求和談。這一手並沒有事前套招，李貴敏律師因對手代表遲到，隨手做了個球給吳敏求當白臉，吳敏求即能立刻接招，當場把對手鎮壓住，她讚嘆：「我事前並沒跟吳董講過，只是隨機應變，他實在太聰明了！」

不畏戰，並周密推演攻防過程

不論是美國ＩＴＣ訴訟或是其他國際交易，都是吳敏求親自主導並帶隊上陣。以美國專利訴訟為例，組員包括律師、發明人、相關工程師與公司幾位副總。為了打贏官司，事前的排練就非常重要。李貴敏律師表示：「我們每次排練都是用最挑剔的方法做，也就是我會模擬對方出手，讓成員們習慣在壓力下回應。」因為打官司的初衷，是把事情做對，不是把事情處理掉就好。既然要把事情做對，就必須用最挑剔的方式排練，我方成員才了解對方可能如何出手攻擊，也才能在壓力下迎擊回應。反之，如果只是做個樣子，拿訴訟過個場，全部丟給外部律師負責，自然很難打贏官司或取得有利於己的談判條件。

此外，她也表示在國際法庭上陳述，對工程師是一個很大的挑戰，有的工程師覺得自己英文不錯，認為不需要英文翻譯，但是，出庭作證不只是英文要好，還要抓住重點，讓不在該技術領域的法官或陪審員聽得懂才行。而且，如果聘用的翻譯不懂，或不熟悉該領域專業時，就會翻譯得很糟糕，一再更正翻譯內容的結果，也會讓法官或陪審員等失去耐性，無法專注於要點而不利於我方。

更何況，再資深的工程師，上了法庭，也會變得膽怯。畢竟，大家都怕說錯被關或是傷害公司，壓力自然很大。所以，李貴敏律師也會鼓勵成員，並提醒大家不知道的事情，千萬不要隨便講，建立作證人的信心。尤其，牽涉發明人時，其技術發想如何而來，一定要用最簡單的方式表達。所以排練時，她總會把自己當實驗品，要工程師練習說明，並提醒工程師：「如果我聽不懂，法官與陪審員也不可能懂，你們要用最簡單的方式，讓一個不是你技術領域的人都聽得懂。」

透過國際司法，向全球宣示旺宏的技術實力

李貴敏是擁有台灣及美國律師執照的律師，深知在美國打官司，基本上是一隻牛至少要扒五層皮。第一層是律師費，第二層是專家鑑定及顧問費，第三層是損害賠償精算及顧問費用，第四層是陪審員等其他顧問費用，第五層是模擬法庭等流程的排練費用。如果加

上和解與調解程序，自然還會產生其他額外的費用。或許這也是台灣企業經常舉白旗投降的原因，一方面多數台灣企業都沒有國際訴訟的實戰經驗，也無法判斷律師建議的行為哪些確實有其必要性，更何況，光是收到律師費就投降了，就更別提後面的四層皮。這也是李貴敏佩服吳敏求的地方，他不僅敢做敢當，還有決策背後的遠見。因他深知，在國際法律攻防已成為國際競爭利器的此時，無法承受壓力而舉白旗妥協，等同丟糖在地，將可預見一群蒼蠅、螞蟻和蟑螂們隨即圍攻而來。

同理，不戰而降等同招攬競爭對手，甚至專利蟑螂（Patent Troll）來騷擾。因此，必須加以反擊，而事實也證明，旺宏打贏美日國際大廠的官司後，其他競爭對手皆不敢輕舉妄動。再者，旺宏在ＩＴＣ的勝訴判決，也等同透過美國複雜的司法程序驗證，並向全球昭告旺宏強而有力的專利技術，其不僅有利於客戶或其他合作夥伴對旺宏產生信賴，也有助於旺宏產品的推廣與行銷。凡此種種，皆需遠見始能洞悉，可見吳敏求過人的膽識與先見之明。

李貴敏律師也指出，以東芝案件為例，旺宏之所以到美國ＩＴＣ提告，就是因為旺宏曾在美國打贏飛索，美國法官、律師、專家顧問等，也會覺得旺宏確實有技術實力，因而占有優勢；另一方面，美國是東芝的主要市場，在美國提告也可降低其侵權的傷害。因此，當初與飛索打官司，旺宏除了到美國控告飛索，也赴德國控告。多數人或許會覺得何必另闢戰場，但是吳敏求的思維周密，極富遠見，了解飛索是車規IC的主要供應商，歐洲更是車廠的重要據點，旺宏在德國勝訴，等同透過歐洲司法證明旺宏專利及技術的優勢，對公司拓展歐洲市場也有很大的助益。

這些國際官司，旺宏不只打贏，也贏得漂亮。畢竟，迄今在台灣，只有旺宏不但打贏，還可以從對方口袋掏了數十億元賠償。這是台灣絕無僅有的案例，迄今也還是唯一，這些正是吳敏求識謀兼具的個性使然。大部分的CEO碰到法律紛爭，只想繼續做生意，不想面對法律問題，但他不怕問題，敢做決定，堅持做對的事情，面對挑戰，全力解決，所以才可以做到別人做不到的事情。

此外，吳敏求不僅能識人，且能善用人才，被他重用的人也會覺得碰到伯樂，感激他的全然信任，盡全力完成任務，不讓他失望。

旺宏的國際官司戰役不僅打得漂亮，也廣為跨國科技公司與法界所津津樂道。雖然過程中，無論是吳敏求或律師，都承受極大的壓力，但李貴敏律師與有榮焉地說：「我們不能夠輸，因為這不只關乎自己，還有台灣的面子，我們不能讓世界瞧不起台灣！」

Chapter 23

鼓勵動手的金矽獎與科學獎：

二十年前就向下扎根，培養科技種子

二〇二一年年底，工研院第十屆新科院士出爐，吳敏求獲頒院士，肯定他多年來對台灣半導體的貢獻。

平日都是穿著夾克上班的吳敏求，這一天難得穿上黑色正式西裝，上台接受頒獎。在半導體三十年，他除了讓旺宏成為全球最大非揮發性記憶體大廠，也推動了第三類股上市，引進更多國外資金投注科技業，並將大數據導入製程，造就台灣半導體業在良率與品質上擁有高度競爭力，此外，還有一項影響台灣科技業發展深遠的貢獻，那就是積極培養本土科技人才。現今台灣半導體業因為少子化而呈現缺工，在各大學建立半導體學院積極培育人才之際，其實在二十年前，吳敏求就已經開始默默推動台灣本土科技人才的培養。

不計公司盈虧，持續深耕台灣科學教育二十餘年

二〇〇〇年，旺宏在成立十週年時，就特別針對台灣各大學院校師生，舉辦第一屆「旺宏金矽獎——半導體設計與應用大賽」，鼓勵大專院校師生參與競賽，重視科學研發及

實作教育。二〇〇一年，在成立「財團法人旺宏教育基金會」後，更往下扎根舉辦了「旺宏科學獎」，鼓勵高中師生一起參與科學競賽。

那時，旺宏迎來最輝煌的時期，營業額成長至十億美元，獲利也高達一百億元，正積極拓展事業腳步，為什麼要把眼光放在高中及大專院校，不惜砸重金舉辦競賽，鼓勵師生參加，甚至花費許多心力設計競賽規則，堅持邀請專業評審委員參與評核？

做事向來眼光長遠，從不臨門缺才才跳腳喊缺才，吳敏求除了當年創業之初，從美國帶回四十位半導體人才，讓這批留美專才培訓台灣剛畢業的碩士生，為台灣訓練許多優秀的半導體人才外，他更以自己早年念大學沒有動手做的機會，是出國念書後才發現動手做的重要，所以，他一直將眼光放在學校的科學教育上，希望透過舉辦競賽，鼓勵更多有創新想法的學生手腦並用，培養年輕人良好的做事態度。這些因參賽而獲得鼓舞的學生，就像科技種子散播在各地，讓台灣的科技人才能在世界的舞台上發光發熱，不只是停留在成為好的代工人才。

也因此，當吳敏求拜訪中研院院士李遠哲，提出想要辦一個半導體的設計與應用獎，以鼓勵年輕人研發時，李遠哲立刻贊同，表示這個競賽強調研發與應用兼具，這是台灣大學教育中比較缺乏的事，也因此每年都擔任金矽獎的頒獎人。

而金矽獎與科學獎一辦就是二十二年，即使旺宏面臨虧損低谷時，吳敏求也從來沒有停辦過。二十二年來，「金矽獎」已經累計超過四千支隊伍，近兩萬名大學院校師生投入；「科學獎」更是全台半數以上的高中職都參加過。兩個獎項至今已有近四萬人參加，超過一千多位評審參與，累計頒發獎金超過一億七千萬元以上。

很多人說與其拿這些錢來辦競賽，不如拿去賺更多錢。他表示，他只是希望激勵年輕學生做研究，用自己的大腦思考事情，培養觀察力，而不是只聽父母、老師的話，自己都不去思考。

評比力求公開、公正、公平

前科技部部長陳良基指出，金矽獎對台灣半導體產業的貢獻在於，培養出業界需要的即戰力人才。二十多年來，他一直非常鼓勵學生參加旺宏舉辦的金矽獎，因為他認為，這些受金矽獎洗禮過的學生，能力與視野也從此不同。他還記得，旺宏即使在虧損時，吳敏求仍跟他說，會不計公司盈虧全力支持這個方案，讓人非常感動。

事實上，為了創造公開、公正、公平的比賽，旺宏規定參賽者不可以學校名稱，而要以隊名的方式參賽。所有的評審打完成績後，必須把成績封起來，再選出優勝者，整個評審過程，包括吳敏求在內，都不知道得獎者是誰，直到頒獎典禮那一天，才公布優勝者來自哪一所學校。

每年帶著學生參賽的虎尾科技大學副教授陳國益指出，旺宏自己做晶片，大可以要求競賽者必須使用旺宏的東西，但是旺宏至今從沒有這樣要求，而且光是三百份的競賽作品就找來六十位評審。他說：「我們的作品不小心拍到了地址，評審就要我們消掉，說這樣會影響公平性，這是其他比賽沒有的。」

從博一開始到博士班畢業，每年都參加金矽獎、現為元智大學副教授的林承鴻表示，參賽給他最大的鼓勵，是作品可以受到專業學者的青睞，不只有成就感，也激發出使命感，如今他也傳承經驗給學生，把旺宏金矽獎當做目標，在參賽的過程中學會把事情做好。二十年前，產業界幾乎沒有願意一年花數百萬元舉辦比賽的企業，很多師生因為參加金矽獎打響了知名度，旺宏無形中也提供了業界與學校間的產學合作機會。

成立得獎者俱樂部，建立交流管道

除了在大專院校舉辦金矽獎外，旺宏舉辦的「科學獎」，同樣也是鼓勵手腦並用的創新人才。

二〇二一年，吳敏求在第二十屆「科學獎」頒獎典禮致詞時，特別語重心長地表示，學生從參賽過程中學習如何找題目、分析問題、解決問題，是人生很重要的學習。就像他常講的一句話：「把事情做對，不是做掉。」他辦這個獎項非常用心，除了邀請各大學院校校長及中研院副院長擔任評審召集人，廣邀各領域專家擔任評審委員外，每次競賽的口試也長達兩天，請參賽學生上台簡報，分享作品的設計理念。

科學獎發出的獎項也非常慷慨，每個獎項都設置好幾個獎座，光是優等獎項就頒出十二座，其他還包括指導老師特殊貢獻獎、勤耕不輟獎、推動獎、校長獎等等，甚至只要參賽者有很好的想法，就算作品不完全，也可以參賽，因為好的想法就是創新的開始。

他辦這兩個獎項，主要是鼓勵師生都能從參賽中獲得動手的樂趣，如果僅提供寥寥可數的獎項，參賽者容易受挫而氣餒。他連老師都考慮進去，認為這些輔導學生完成作品的老師，其熱心值得鼓勵，也因此設有指導老師特殊貢獻獎。

更特別的是，很多競賽比賽完就結束了，但吳敏求還成立一個 club，讓歷屆得獎者齊聚一起，彼此切磋學習，繼續成長。很多得獎者都表示，參加這個 club 比拿到獎項更有意義，因為在研究的路上，有同好同行，就不會孤單。

每年邀請藝術家設計獎座

值得一提的是，金矽獎和科學獎每年頒發的獎座都不一樣，因為每年吳敏求都會邀請台灣不同的藝術家為該年的競賽設計獎座。二十多年來，這些獎座在旺宏總部大廳的 show room 展示，讓參觀的人就像逛藝廊一般，十分美麗又有意義。

事實上，很多學校年年都參賽，視參加旺宏科學獎為校內年度大事，儼然成為全校運動。科學獎不僅激勵學生，也激勵很多對科學有熱忱的高中老師，不少老師年年都帶著學生報名參賽，就曾有一位來自高雄的高中老師獲頒指導老師特殊貢獻獎時，靦腆地告訴台下聽眾，他很感激旺宏成立這個獎，為了表達對這個獎項的肯定，他買了一張旺宏股票支持，引得台下掌聲如雷。還有一位老師在台上告訴吳敏求，他將指導老師特殊貢獻獎的獎金，拿去資助班上有科學潛力的貧困學生，讓他補習英文，鼓勵他到國外參賽，後來這名學生在國外獲獎，如今在科大念書，讓獎金發揮善的循環，吳敏求聽了很感動，在台下頻頻鼓掌。

二〇二一年，科技部常務次長陳宗權在旺宏「科學獎」典禮上讚嘆，旺宏舉辦的「科學獎」共有六百六十五位參賽，比科技部辦的科學教育獎還多，也因此有高中諾貝爾獎的美譽。旺宏提供拿到前三名的高中生，大學四年的獎學金，而且完全沒有限制，無論是金矽獎或是科學獎，都不會因為是旺宏舉辦的，就限制他們未來要到旺宏工作。第一屆拿到金牌獎的學生，後來赴美留學，已成為一名醫生，也有些學生因此練就了簡報能力，或是堅定地走上了科學道路。

「我希望他們創造新的東西，這樣就好了。」吳敏求說。二十年來，旺宏在大專院校及高中職培育了許多科學種子，培養人才的腳步從未停歇。吳敏求認為，台灣下一波的科技人才培育，現在就要準備好，二〇一九年，旺宏更決定捐出四點二億元給成功大學，在校園打造一座「成功創新中心——旺宏館」，創下成大有史以來單一捐款最多的紀錄。

Chapter 24

創新教育模式：

榮獲總統創新獎

即將在二〇二二年年底完工的「成功創新中心—旺宏館」，坐落在成功大學校園內的總圖書館（又稱為舊圖書館）旁，這當中有其特別意義。成大校長蘇慧貞指出，吳敏求那一代的學生早年都在這間圖書館裡K書，所以校友又稱圖書館為舊K館。尤其半世紀前，台灣最早的現代科技教育是從成大開始，旺宏館的成立更有著傳承過去、創新未來的意義。

這棟達四層樓高的白色建築，二〇一九年開始動工，如今已經規劃出一系列學程及國際活動。此外，旺宏又再捐出每年一億元，十年共投注十億元，在旺宏館四樓增設「敏求智慧運算學院」，提供學校充裕經費，不受教育部師資薪資限制，可以到國際上延請知名教授前來教學，希望能為台灣打造出下一代新的科技人才。敏求智慧運算學院在教育上的創新舉措，可以說是引領台灣面對下一個世代教育方法的先鋒。

台灣近年因生育率下降，引發科技人才荒，二〇二一年，台灣科技業與政府合作，核定在台大、成大、清大、陽明交大四所大學，成立「半導體學院」，計畫培養下一代的科技人才。事實上，早在二〇一九年，吳敏求就與成大校長蘇慧貞及前成大副校長、現任工研院首席技術專家吳誠文，前往教育部拜會部長潘文忠，建議仿效美國麻省理工學院的方式，透過政府、企業及學校三方合作，突破現有的教育框架。

引進全世界最優秀的師資

吳敏求回憶，當時他告訴教育部長：「如果教育部提供一億元，我就配合也捐出一億元，大家一起來做前所未有的事。」這個前所未有的事，指的即是翻轉高等教育模式。過去許多學校即使有意邀請國際知名教授來台授課，但受限經費，有心無力，而身為成大校友的吳敏求，建議透過企業捐款，解決經費不足問題，才能引進全世界最優秀的教授，邀請他們到成大開課，或是退休後到成大教書。他更進一步建議，疫情期間甚至也可以邀請這些國際知名教授直接在線上開課，讓台灣學生透過線上學習，同樣也能獲得寶貴知識。

當時教育部長潘文忠也非常認同這種創新模式，不僅支持敏求智慧運算學院的成立，更成為後來政府在推動成立半導體學院時的重要參考，所以前成大副校長吳誠文在接受媒體採訪時指出：「吳敏求其實是半導體學院的幕後推手。」

二〇一九年，也正是旺宏成立三十週年，吳敏求回顧創業三十年來，他都是用創新的方式經營公司。在半導體製程上，他率先將統計學與半導體結合在一起，提升產品品質，也讓台灣其他半導體公司因此受惠。在設計上，當年他從美國帶回四十位半導體專業人才，培訓出本土第一批人才，這些人才後來也在台灣半導體產業裡開枝散葉。他在經營上的創新模式，不僅讓公司得以生存，更做到全世界第一的唯讀記憶體，如今，他也將旺宏三十多年來的創新經驗回饋台灣教育，希望透過敏求智慧運算學院的成立，提供創新的方法，徹底改變台灣傳統教育方式。

未來人才要能跨域思考

這個翻轉高等教育方式，不僅在於促進產、官、學三方合作，更鼓勵打破科系限制，培養跨領域的ＡＩ及運算人才。吳敏求表示，很多人都被學程牽制住，好像念文學院就該從事文科方面的工作，但或許文學院的學生在數理上也有天分，只是沒念過相關書籍而已，如今即使念材料工程及機械系的人，回頭去念電機系也無不妥，所以成大旺宏館成立之初，他很堅持將來要能跨系及跨學院合作，共同使用這個學院，並非因為他是成大電機系校友，就只開放給電機系學生使用。

他也強調，未來人才必須要能跨域思考，才能創新，所以他希望成大九大學院，不同科系的學生都能透過旺宏館舉辦各種活動與學程，產生碰撞與衝擊，這才是他衷心希望的。他尤其認為，台灣下一個世代最需要培養的就是，具備跨領域人工智慧及運算能力，這種能力也不應該只限於理工科的學生，非理工學院的學生也必須具備基本觀念，讓他們可以據此觀念判斷，尋找資訊最大化。

為什麼吳敏求認為跨領域ＡＩ能力與運算能力是下一個世代最重要的能力？他以二〇一六年美國總統大選為例，川普當選有一個很關鍵的因素，那就是透過倫敦一家公司，針對民眾對議題看法，進行大數據分析，進而掌握選民心態，做出判斷，可見大數據影響著社會各個層面。

「事實上，將來做決策的過程都不是一個簡單的想像，都是要有數據做基礎，才會得到精確的結論，因為數據可以告訴你方向，哪裡比較有益，就朝哪個方向。」吳敏求指出，過去做判斷，很大一部分都是靠思維，大家從中選一個不錯的想法賭看看是否會成功，但是以後的判斷不能只靠思維決定，因為數據可以協助做出更精確的決定，而所有東西只要依靠數據，就必須具備運算能力，這也正是敏求智慧運算學院成立的主要原因。

成大校長蘇慧貞表示，最難得的是，捐建旺宏館的過程，吳敏求從來都沒有要求使用者限定是電機系的學生，反而強調開放給全校學生一起使用。擔任學校負責人及教職多年的她知道，無論是捐贈硬體大樓，或是教育基金，一般來說企業總有某種程度的要求，例如企業捐了某棟大樓，就會規定多少百分比必須是給該企業做為研發中心；或是要求必須提撥一定比例的學生日後到該公司上班，但是吳敏求從頭到尾都強調，這是旺宏對社會的回饋與捐贈，沒有任何的規定與需求，非常令人敬佩。吳敏求只有告訴蘇慧貞說：「我支持你們做任何事，唯一的要求，就是從國際上去找最優秀的人來教。」

為國家培養創新人才

二十年來，旺宏舉辦科學獎與金矽獎，啟發師生研究精神，就是希望為國家培養願意動手又動腦的人才。他在接受《科學人》雜誌專訪時也曾指出，將一個想法從思考到動手驗證的過程中，大多數的人都敗在最後一哩路，也就是缺乏動手的經驗。

或許理工科的學生有較多動手的經驗，但他更鼓勵其他科系的學生也能累積動手經驗，這也是為什麼他堅持旺宏館開放給九大學院學生的原因，因為透過跨領域的學習合作，即使做專案，也是很好的動手經驗，也才能夠變成自己的知識。他說：「台灣今天要有價值，就要有知識，但知識不是念書而已，因為考完試就會忘掉，只有自己動手做過後，才會記得。」

二〇二二年，國家最高榮譽的獎項，也就是第五屆「總統創新獎」特別將個人獎頒給吳敏求，肯定他多年來在半導體產業及教育上的創新與貢獻，因為他不僅成就了一個記憶體王國，直接影響後來台灣半導體在世界的地位，更致力推動教育上的創新，從舉辦競賽到建立敏求智慧運算學院，積極為台灣培育下一代跨領域的科技人才。

總統創新獎頒給吳敏求的創新精神有四項理由：首先，是對國家社會及產業有卓越貢獻：

1. 台灣多家半導體廠導入旺宏 sNOVA 的 know-how，成就全球半導體生產樞紐地位：三十三年前，吳敏求創建旺宏，即結合統計學與半導體知識建構 sNOVA 系統，領先全球導入 AI 及大數據，成為世界第一家生產線全面電腦化之半導體晶圓廠。

2. 首創利用統計與資料探勘方式，提升半導體製程技術、生產效能及縮短產品開發時程：sNOVA 系統大幅提升產品品質良率到五百 PPB 以上（每十億顆不良率低於五百），是全球首家將產品不良率衡量指標從 PPM（百萬分之一）提升至 PPB（十億分之一）等級的半導體公司。

3. 旺宏 Flash 品質及市占率皆為世界第一，引領台灣開拓全球市場：吳敏求在三十多年前帶領旺宏成功打入對品質要求十分嚴苛的日本市場，更成為全球車載電子第二大供應商，二〇二三年將成為市場龍頭。

4. 國內外學研榮譽：獲頒工研院院士、清大、成大及交大三校名譽博士、中華民國科技管理學會科技管理獎及院士。

其次是長期推動產業創新，且具重大影響性及改革性：

1. 培育研發人才，使其在台灣各半導體公司遍地開花，是台灣成為東方矽谷的關鍵力量：一九八九年帶領四十位半導體專業人才自美返台創立旺宏電子，並以創新設計（Forward Design）逆轉當時台灣的逆向工程（Reverse Engineering）代工主流，吸引優秀海外人才回國；同時也訓練大批本土研發人才，讓台灣得以位居全球半導體供應鏈關鍵地位。

2. 旺宏為台灣唯一於美國國際貿易委員會勝訴之企業，堪稱重視研發及專利的最佳典範：旺宏注重創新研發，並建置堅實專利，無懼國際競爭對手發動專利戰，二〇一三年及二〇一八年分別擊退美國 NOR Flash 大廠飛索及日本 NAND Flash 大廠東芝，所獲賠償金超過上億美元。

第三，建立新興產業或模式，顯著提升產業競爭力：

「借力使力」經營策略，使旺宏成為全球成長最快速的半導體公司：解決半導體投資金額龐大問題，善用日本鋼管公司、日本任天堂及台積電等國際大廠資源及資金，擴充旺宏產能及營業額，讓旺宏成立第一個十年營業額即達十億美元。

第四，帶動產業成長，對產業與國家經濟具卓越之衍生效益：

1. 推動「第三類科技股」上市，使海外資金投資台灣呈倍數成長：一九九五年，旺宏成為第一家以第三類股上市的標竿企業，國際資金挹注台灣從不到四十億美元，大幅提升至近一百億美元，開啟了台灣高科技產業蓬勃發展的盛世。

2. 為台灣科技人才的搖籃、跨領域人才培育的始祖：連續二十二年舉辦旺宏金矽獎及科學獎，培育近四萬名科技人才，使其在台灣產官學各界發揮影響力，更連續十年，每年捐贈成功大學一億元創設「敏求智慧運算學院」，開啟台灣ＡＩ創新應用及跨域人才培育的先河。

5th 總統創新獎
Presidential Innovation Award

指導單位：總統府　主辦單位：經濟部

頒獎典禮

吳敏求獲蔡英文總統親自頒授「總統創新獎」肯定，為台灣半導體業首位獲此殊榮企業家，邀請公司同仁及親友共享榮耀。（照片為經濟部提供）

Chapter 25

創業第三個十年的期許：

成為NAND型快閃記憶體的領先者

二〇一九年年底，旺宏慶祝公司成立三十週年時，吳敏求特地親筆寫了一封感人的信給全體員工，回顧旺宏三十年來的點滴。

三十年跨越兩座低谷，攀向高峰

他對員工說，旺宏在半導體舞台上創造了無數的奇蹟，第一個十年，以借力使力的方式，開發出半導體第一個大數據AI系統，將產品品質從PPM Level進步到PPB Level，從頭到尾都是自行研發技術，成為業界創舉。第二個十年，公司面臨困境，幾乎倒地不起，靠著大家努力，五年後又站起來了。第三個十年，經歷擴廠虧錢窘境，推出55奈米的NOR及19奈米的NAND產品，旺宏再度站起來。加上八千多件專利，尤其在3D NAND領域，已有超過兩千四百項專利，很多又是基礎專利，可為旺宏帶入不少利潤，他期許旺宏未來能成為NAND的領先者。

三十三年前，美國還沒開始做系統單晶片（SoC）時，他將系統單晶片的概念帶回台灣，打算自行開發時，別人都認為是天方夜譚，但他找來一群留美工程師返台，從頭開始訓練本土人才，造就台灣日後ＩＣ產業設計的蓬勃發展。

他更是全世界第一個將人工智慧導入半導體生產線的人，旺宏所發明的 sNOVA 系統，即是透過電腦分析，改善製程與設計，大幅提升良率，不僅讓旺宏的產品即使在攝氏零下五十五度也能正常運作，獨步全球，也成功打入醫療、國防、工業、航太及車用市場。

如今，旺宏邁向第三個十年，不僅已成為唯讀記憶體及ＮＯＲ型快閃記憶體市場的領導大廠，躍升全球第一，在營運及產品上，旺宏也正逐漸脫離個人電腦的週期性影響，讓ＮＯＲ記憶體未來可不受景氣變化的影響。他指出，過去ＮＯＲ的產品都是標準型，你做我也能做，所以景氣好時，缺貨就漲價；景氣不好時，過度供給就跌價，這也是為什麼記憶體廠的營收總是隨著景氣週期變化。但吳敏求不斷精進旺宏的自有技術，讓產品脫離標準型，降低在消費性的筆電及個人電腦的比重，朝高價、應用型邁進，其中車用ＮＯＲ的成長需求更高。

力拚 NAND 全球第一

吳敏求喜歡走別人沒有或是不敢走的路，對他而言，挑戰性雖高，機會也最大，他的目標就是將旺宏做到全球第一的半導體公司。然而，人生行至從心所欲之年，對他而言又是另一個新的開始。

他為自己訂定另一個挑戰，那就是未來十年，帶領旺宏朝向以記憶體為中心的架構方案（memory-centric），讓過去原本只是配角的記憶體，未來具備運算能力，成為主角。這是因為隨著 5G、物聯網、元宇宙、AI 以及汽車自動化等新興科技，使得大數據日益重要，而大數據與人工智慧改變了記憶體原本的角色，從以往只是負責儲存資料的配角，變成不僅能儲存，還具有運算功能的主角。

也因此，雖然目前記憶體市場仍以 DRAM（動態隨機存取記憶體）為主，但吳敏求認為，3D NAND 快閃記憶體的立體堆疊技術，具有最高密度以及最低製造成本，可以讓原本 2D 儲存型快閃記憶體及編碼型快閃記憶體無法跨越的障礙，透過 3D 記憶體，增加容量，將來可望成為記憶體市場的新主流。

在記憶體市場裡，最大的市場是NAND，包括三星、SK海力士、美光等國際大廠都已經擁有3D NAND快閃記憶體技術能力。於此之故，旺宏從二〇〇七年就開始投入3D NAND的研發，目前旺宏的四十八層（相當於10奈米）3D NAND已經進入量產出貨階段，九十六層（相當於7或5奈米）的3D NAND也預計在二〇二一年底量產，成為台灣第一家成功研發出3D NAND快閃記憶體的廠商。

吳敏求希望有一天在NAND的領域裡做到全球第一。這表示旺宏必須打敗三星、SK海力士、美光等國際大廠，他承認很難，這是一個國際級的大戰場，他力求先將NOR這個小戰場穩住，等賺了足夠的錢，就進入大戰場拚搏，因為大戰場最後比的就是「money game」（金錢遊戲）。他自信十足地說：「我都已經計劃好了，只是能不能做得到不曉得。」回顧旺宏的每一個十年，每一次吳敏求發下豪語，從三十年前決定做系統單晶片，二十年前下定決心讓公司谷底重生，十年前致力於讓旺宏成為NOR及ROM的全球第一，當大家都以不可能的任務看待他的想像時，但他最後都做到了。

旺宏最重要的客戶之一、德國汽車輪胎和零件製造商馬牌集團（Continental）其記憶體品類管理部門主管貝廷格（Nikolaus Bettinger）認識吳敏求長達十年，他表示，在半導體這個快速變化與競爭激烈的行業中，他在吳敏求身上看到一個人的強大，不是來自於外在的肯定，而是來自於他在面對逆境時，如何用冷靜的態度與快速的決策，所展現的堅忍不拔精神。他永遠都不會忘記二〇二一年，美國德州奧斯汀暴雪引發大規模停電，造成晶片短缺而影響全球汽車業，旺宏適時伸出援手，解決了他們的困境。他引用德國詩人里爾克（Rainer Maria Rilke）的詩句來表達吳敏求令人敬佩的毅力：「人們不需要了解生活，因為最重要的是了解自己的心智。在這個世界上，做一件平凡事與偉大事的差別在於，勇於追求自己的夢想，並造成積極的影響。」

吳敏求的女兒，在旺宏慶祝三十週年時，也特地從國外手寫了一封祝賀信給他。信裡特別提到，吳敏求以身作則讓她看到只要努力不懈，加上永不放棄，就能完成不可能的任務。也因此，當他說十年後可以驗證他今日所訂立的挑戰，大家都對他信心十足，他也微笑地預示：「下一個十年，我們會有很多有趣的東西跑出來。」

結語

當你認為成功了，就是失敗的開始

旺宏如今是全球最大唯讀記憶體及NOR型快閃記憶體供應商，從任天堂遊戲機、5G通訊及國防太空、醫療，以及車載運算晶片，旺宏不僅已經走在市場前端，吳敏求下一步，更致力於將3D NAND的製程優勢推向與國際大廠三星、SK海力士、美光並駕齊驅。

走人少的路，做披荊斬棘的開路先鋒

現在任何智慧產品都一定要有Flash，過去記憶體是配角，接下來吳敏求要走的路，就是如何將配角變成主角。換言之，未來只要有一顆Flash就夠了，其他都不需要。從沒賣出一張旺宏股票的他，矢志要將旺宏做到世界第一流的公司，「很多事情都可以做，我都計劃好了。」他說。

走過兩次低谷，幾年前，曾有媒體問他：「你是否成功了？」他的回答是：「當你認為成功了，就是失敗的開始。」他感慨地說：「旺宏從一九九九年到二〇〇二年，經歷從顛峰跌到谷底，就是因為認為自己很成功，無所不能，才有後來的教訓。全世界聰明的人很多，每個人都可能在這個領域裡打敗你。」為了讓自己走在前面，他喜歡做第一個，碰一些別人不太敢碰的事情，挑戰雖大，但是競爭者也少。

就像旺宏總經理盧志遠所說的，高科技產業很殘酷，高飛也可能馬上掉下來，幾乎沒有所謂的好日子，所以每次做了什麼高興一下，就要趕快回頭，不能夠享受一輩子。他感慨地說，吳敏求與他都是有專長又有志向的人，對於在台灣這塊土地上，堅持發展自有技術、自有品牌、自有產品，「不管是為國家、為這個土地，還是為自己，奮鬥一場，能夠做得出來，也覺得很過癮。」

人生是一連串的選擇與解題過程

英國管理大師韓第曾說：「生命就像一個八斗櫃，每個抽屜都代表生命的一角，對他的全貌提供不同角度的一瞥。」吳敏求的人生，有很多不同的面向。青少年時期，他自己學會煮飯給弟妹吃，因為家窮，他自己找方法賺生活費，甚至找到不必考托福，也能出國留學的方式。留美工程師的工作生涯，他主動找最困難的專案去做，完成許多別人認為不可能的任務。創業時期，他大膽投入半導體製造業，為了堅持從設計、研發、生產、製造到銷售都是自有品牌，他靠極為聰明又精算的方式，借力使力，讓公司成為全球成長最快速的半導體公司。在公司跌落低谷時，他又能冷靜找出問題，專心救火，讓公司從谷底重生。事業之外，他更激勵許多學生往科學之路邁進，在台灣高科技業喊出人才荒之時，他早就默默為台灣培育了許多科技人才。

然而，不同的面向都直指一個方向，他是一個非常擅長解決問題的人，也是一個很早就看到問題的人。他常常跟員工談起當年在美國工作如何解決問題，如何創立一家公司，披荊斬棘把公司從谷底拉到一個高點，如何從零到卓越，大家都覺得很精采。於此之故，反而是員工主動向老闆建議，應該寫成自傳，讓更多人可以從中獲得啟發。

這本書寫的是一個白手起家的窮小孩如何建立記憶體王國的故事。吳敏求在人生各個階段裡，一路碰到的問題，也是很多人會碰到的難題。他說：「天下沒有一句管理金句可以影響一個人的決定，人生是一個過程，要看我們在這個過程中，選擇的是什麼，以及如何聰明解題？」

有人說他是獨行俠，不知道怎麼做生意，他說，他寧可晚上八點就上床睡覺，也不想做浪費生命的應酬。即使處在低谷時，他每天仍照表作息，第二天醒來，又是努力的一天，每天定目標，把它做到好。他說：「我賺了錢，官司也打贏。但人生在世，不是只有賺錢一項，還包括你對社會有什麼貢獻，或許有一天，社會會感激我做的事情。」

採訪後記

為什麼優秀的領導者都愛打橋牌？

楊倩蓉

吳敏求從不應酬，早上四點起床，不到六點就去公司，晚上七、八點就睡覺，就連電視早年也只看HBO與CINEMA，這幾年改看Netflix，他說看電影可以讓他暫時遠離煩惱，看完就忘掉。他唯一的嗜好就是打橋牌，還曾經擔任中華橋藝協會理事長，這是業界都知道的事。

有趣的是，不只是他愛打橋牌，許多知名企業人士，例如，微軟創辦人比爾・蓋茲、股神巴菲特也都熱中打橋牌。此外，包括前清大校長沈君山、南山人壽前董事長謝仕榮、前經建會副主委李高朝、漫畫大師蔡志忠、前行政院主計長汪錕、前工業技術研究院院長方賢齊等企業家及文人，也都是橋牌愛好者。巴菲特更是橋牌的超級愛好者，他曾說，橋牌不僅是最好的腦力運動，也是一種權衡遊戲，與投資策略相似。

吳敏求大三開始走入橋牌世界，沒想到這個寧靜嗜好成為他終生的愛好。他學沒多久，就去參加南部大專聯賽，在四人隊的比賽中，大勝一場，進入成大研究所時，更是橋藝校隊。即使遠赴加拿大及美國念書時，他在課業忙碌之餘，也經常跟當地留學生組隊比賽。在加拿大麥基爾大學研究所時，有一次舉辦華人聯賽，他臨時找了三個彼此都不認識、且不同國籍的華人一起參賽，結果，他們從第五名一路打到第一名。

在史丹佛大學念書時，他也與一群愛好橋藝的學生，固定一年四次，組隊跟柏克萊大學的中國學生比賽，以紓解讀書壓力。不善社交的他，因為打橋牌需要四到六人一組，反而可以以賽會友。

二十歲開始學橋牌，二十八歲自史丹佛研究所畢業後，因為一心朝創業之路邁進，中斷了這個嗜好多年。二〇〇〇年，他接任中華橋藝協會理事長，才又開始重拾橋牌樂趣。橋牌究竟有什麼魅力，可以讓這些科技業大老以及各界文人雅士願意在日理萬機中，抽出時間進行這項娛樂，甚至遠赴國外比賽？

橋牌啟發經營智慧

吳敏求指出，橋牌的邏輯跟其他運動很不一樣，有趣之處在於，誰犯的錯多，誰就輸，而不是比誰厲害，只有犯的錯愈少，才有機會贏。

他認為，打橋牌是有益身心的動腦活動，甚至還可以啟發企業經營哲學。喜歡打橋牌的企業家都有一個特點，那就是非常重視紀律，因為紀律不強的人，打不好橋牌，這也是為什麼很多厲害的橋牌選手都畢業自名校，因為自律性強。他也表示，團隊默契也是打好橋牌的一大關鍵。因為橋牌不是一個人的遊戲，必須要有夥伴，過程中從叫牌到出牌，如何透過合法的方式交換彼此訊息及表達，都必須非常有紀律，清楚地告訴隊友。

另外，打橋牌還有一個很有趣的地方，並不是拿到好牌就一定會打得好，有時往往取決於 temple（節奏）是否抓得精準，因為分配不一樣而出錯一張牌，或是出牌順序錯誤，都有可能把原本勝券在握的一副牌打壞。換句話說，打牌的邏輯很重要。橋牌有五十二張牌，但是發到每個人手上時，變化無窮，叫牌過程中，不僅要了解對方如何分配，還要透過叫牌了解隊友可能會有怎樣的牌，輪到自己時才清楚該如何分配，從引牌、打牌到跟牌，邏輯思考都非常重要。

橋牌除了可以培養團隊默契、紀律與邏輯思考外，也是考驗體力與耐力的活動。尤其一場賽事下來，通常要數天的時間，如果體力不夠，就無法撐到最後。此外，也考驗一個人面對失誤時的耐力。如果打壞一副牌，一直停留在患得患失中，也會無法繼續打下去，所以即刻忘掉得失也很重要，才能夠反敗為勝。

吳敏求認為橋牌影響他最大的就是堅持紀律的好習慣。紀律不僅成為他生活的一部分，讓他多年來無論是運動或生活起居，都有一定的節奏。在企業經營上，他始終堅持做對的事情，嚴謹守法，絕不踩紅線，也讓他即使面對巨額虧損時，能有條不紊，抽絲剝繭理出失敗原因，不重蹈覆轍，最終帶領旺宏谷底重生。

而橋牌所培養的團隊默契、紀律、邏輯與耐力，也展現在他如何打贏ＩＰ官司上。

面對國際大廠威脅，他始終氣定神閒，等待對方出牌，再透過與律師及員工的團隊合作，在緊要關頭時，出牌因應，並耐心找出對方的錯誤，不慌不亂地打出一場又一場漂亮的勝仗。

許多科技業大老除了熱愛橋牌外，也有不少人熱中圍棋，吳敏求大學也下過圍棋，他分析橋牌與圍棋的不同，認為橋牌是創造最好的合約，注重的是團隊合作，為了能叫到最佳合約，必須透過許多團隊默契，包括信任夥伴。此外，合約就算叫到，也不見得能達到，如何叫得到，又能打得到，就是橋牌最厲害的地方。但是圍棋就是要把對方包圍起來，再把對方的領土吃光，雖然也有很多策略，但是侵略性強，十足霸氣，因為必須要把對方吃掉才能贏。所以，從嗜好中就可以看出，企業家不同的經營風格。

冷靜，堅持紀律

旺宏總經理盧志遠則從另一個角度來看吳敏求對橋牌的喜愛。他說：「吳董個性非常內斂，所以他喜歡打橋牌，因為橋牌就是叫牌，不給對方看你的牌，而吳董就是這樣的一個人，講話都只講半句，不知道他在想什麼，他又注重策略，而策略是不能隨便跟人家講的。」

每個人個性不同，他經常跟吳敏求說，打橋牌太累了，好不容易有閒暇時間，為什麼還要用那麼多腦力？所以他打麻將，因為麻將靠手氣，不必那麼認真，還可以邊玩邊聊天。他更笑說：「橋牌都很嚴肅啊，每個人都不講話，講兩句話好像就洩漏天機似的。」

天性樂觀爽朗的盧志遠說，雖然他與吳敏求彼此個性不同，但吳敏求叫的牌，他都知道是什麼意思，因為他們對事情的價值觀與理念一致，所以他們是事業經營上的好夥伴。

吳敏求做事要求完美，即使橋牌做為一項愛好，他在擔任中華民國橋藝協會理事長時，也非常努力推廣橋牌運動。他在答應擔任理事長前，考慮了半年之久，因為他認為如果接下理事長一職，就必須挪出一定的時間承擔責任。接下理事長後，他就開始積極爭取亞太橋藝大賽主辦權。二〇〇一年，他領軍橋藝協會的會員參加亞太橋藝大賽，打敗十二個國家，拿到第一名。二〇〇三年，他更為台灣爭取到第五屆亞太橋藝大賽主辦權，隔年在圓山飯店舉行，吸引許多企業名人結隊參加。

此外，他也曾親自率領台灣隊到中國大陸參加「華企杯」，那時海峽兩岸第一次在北京舉辦橋藝大賽，參賽者都是國手級人物，他以業餘身分與亞洲橋王黃光輝合作，最後以一個國際序分（IMP）險勝，拿下冠軍，打敗大陸棋聖聶衛平。

冷靜、堅持紀律，少犯錯的性格，不僅讓他打橋牌時步步為營，以無比耐力堅持到最後，也讓他在事業經營上遭逢巨大挑戰時，能夠冷靜自持，轉危為安。

附錄1 吳敏求大事記

年份	年齡	大事
1948	1	● 出生安徽。 ● 全家遷居來台。
1970	22	● 成大電機系畢業。
1973	25	● 成大電機研究所碩士畢業。 ● 前往加拿大麥基爾大學攻讀電機研究所。
1975	27	● 前往史丹佛大學念研究所。
1976	28	● 史丹佛大學材料科學工程學碩士畢業。
1977	29	● 在 Siliconix 擔任製程開發工程師。 ● 在 Rockwell international 擔任製程開發工程師及副理。
1979	31	● 在英特爾擔任製程開發工程師及計劃經理。
1981	33	● 在 VLSI Technology Inc. 擔任製程開發經理。

- **1984**（36）
  - 創立Macronix Inc.（USA）公司，並擔任副總。
- **1989**（41）
  - 帶領四十位留美資深工程師返台，創辦旺宏電子。
- **1990**（42）
  - 與日本鋼管（NKK）簽約，合作開發MASK ROM產品，並對其技術移轉。
- **1991**（43）
  - 旺宏年營業額首度突破1億元。
- **1992**（44）
  - 開發出世界第一顆四百萬位元快閃記憶體。
  - 晶圓一廠量產成功，月產量突破五千片。
  - 旺宏Flat Cell在美國獲得專利權，為旺宏第一個專利。
- **1993**（45）
  - 與台積電簽訂合作生產契約。
- **1994**（46）
  - 研新廠及辦公大樓正式啟用。
- **1995**（47）
  - 台灣第一家以第三類科技股上市企業。
- **1996**（48）
  - 台灣第一家在美國那斯達克上市公司。
  - 旺宏年營業額突破100億元。
- **1997**（49）
  - 晶圓二廠量產。
  - 與日本松下電子協議合作。

1998（50）
- 與飛利浦半導體公司簽訂共同開發合作案。

1999（51）
- 赴美進行心臟手術及休養，退居二線。
- 旺宏總部大樓落成啟用。

2000（52）
- 12吋晶圓三廠動土。
- 與以色列高塔半導體公司（Tower Semiconductor）合作開發產品。
- 與日本三菱電機合作生產行動通訊用記憶晶片組。
- 與德國西門子合作研發MASK ROM多媒體儲存卡。

2001（53）
- 成立財團法人旺宏電子教育基金會。
- 捐贈清華大學3億元興建學習資源中心大樓。

2002（54）
- 復出，重新站在經營第一線。

2003（55）
- 重新聚焦快閃記憶體及罩幕式唯讀記憶體兩大產品線。

2004（56）
- Atmel告旺宏侵權，旺宏獲美國北加州地方法院判決勝訴。
- 與IBM簽訂協定，共同合作開發相變化非揮發性高密度記憶體技術。

2005（57）
- 擔任旺宏電子董事長。
- 150奈米3V Serial Flash系列產品開始量產。

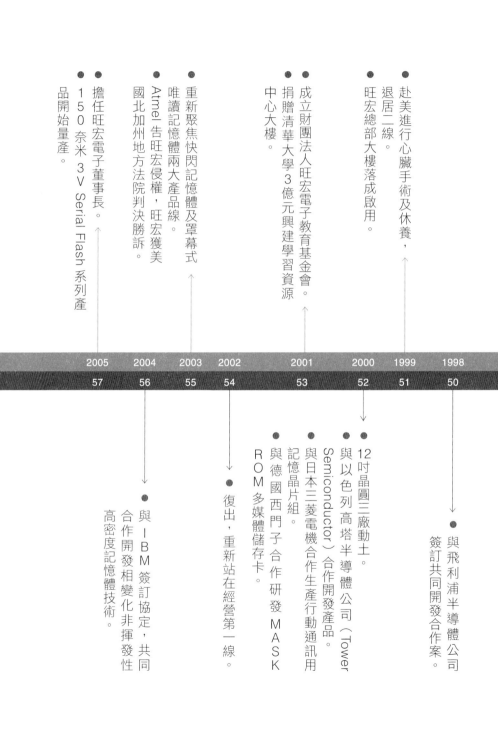

2006	2007	2010	2011	2016	2020	2021
58	59	62	63	68	72	73

2006（58）

- 以53億元賣出12吋晶圓廠給力晶。
- 五篇論文獲選IEDM年度論文，其中與IBM、Qimonda共同發表相變化研究成果。

2007（59）

- 6月29日，旺宏股東會改選董監，力晶只取得2董1監，旺宏公司派大獲全勝，8席即過半。
- 與IBM、Qimonda共同發表相變化研究成果獲ISSCC評選為年度重要論文。

2010（62）

- 以85億元向茂德買下12吋晶圓廠，開始長達五年可預測的虧損期。
- 兩篇論文入選VLSI國際會議，其中探討3D VG NAND Flash的論文，獲選為年度八篇焦點論文之一。

2011（63）

- 旺宏的專利實力獲美國權威調研諮詢機構專利委員會（The Patent Board）評為台灣半導體業第一，全球排名第十八。

2016（68）

- 成為德國西門子快閃記憶體主要供應商。

2020（72）

- 捐贈成功大學每年1億元創建「敏求智慧運算學院」。
- 48層3D NAND Flash系列產品開始量產。

2021（73）

- 鴻海以25.2億元買下旺宏6吋晶圓廠。

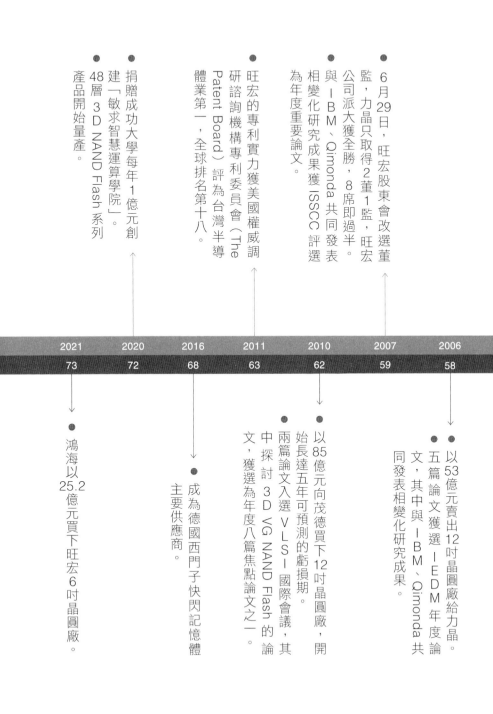

附錄2
吳敏求得獎紀錄

年份	年齡	得獎紀錄
1993	43	《商業周刊》評選為當代傑出企業人物。
1996	48	《*Electronic Business Asia*》選為亞洲最佳五位經理人。
1997	49	獲美國電子買家新聞選為全球25位創新企業總裁。
1998	50	登上美國《富比士》（*Forbes*）雜誌封面人物，為台灣企業第一人。
2000	52	獲頒台灣電子材料與元件協會「傑出貢獻獎」。
2001	53	美國《商業週刊》評選為亞洲之星。
2002	54	獲頒成功大學傑出校友成就獎。

- 2008（60）
  - 獲頒台中一中傑出校友。
- 2010（62）
  - 沈文仁教授紀念獎。
  - 獲頒中華民國科技管理學會科技管理獎及院士。
- 2011（64）
  - 全國優良商人之金商獎。
  - 獲頒清華大學名譽博士。
- 2016（68）
  - 獲頒成功大學名譽博士。
- 2017（69）
  - 榮獲教育部社會教育貢獻。
- 2018（70）
  - 獲頒「安永企業家獎」年度大獎暨經營典範企業家獎。
- 2020（72）
  - 獲頒交通大學名譽博士。
  - 財團法人潘文淵文教基金會 ERSO Award。
- 2021（73）
  - 內政部役政專業獎章。
  - 獲頒《哈佛商業評論》首屆「數位轉型鼎革獎」之數位轉型領袖獎。
- 2022（74）
  - 獲頒工研院院士。
  - 獲頒遠見高峰會終身成就獎。
  - 榮獲第五屆總統創新獎個人獎。

國家圖書館出版品預行編目（CIP）資料

吳敏求傳：從零到卓越的識與謀／吳敏求等口述；楊倩蓉採訪撰文. -- 第一版. -- 臺北市：遠見天下文化出版股份有限公司，2022.05
面； 公分. --（財經企管；BCB765）
ISBN 978-986-525-488-9（平裝）

1.CST：吳敏求 2.CST：企業家 3.CST：臺灣傳記

783.3886 111002280

財經企管 BCB765

吳敏求傳：

從零到卓越的識與謀

口　述 — 吳敏求 等
採訪撰文 — 楊倩蓉
總編輯 — 吳佩穎
責任編輯 — 黃安妮
封面暨內頁設計 — 江儀玲
照片提供 — 旺宏電子、成功大學、「安永企業家獎」、
《遠見》雜誌、經濟部、《產業人物 Wa-People》

出版者 — 遠見天下文化出版股份有限公司
創辦人 — 高希均、王力行
遠見・天下文化・事業群　董事長 — 高希均
事業群發行人／CEO — 王力行
天下文化社長 — 林天來
天下文化總經理 — 林芳燕
國際事務開發部兼版權中心總監 — 潘欣
法律顧問 — 理律法律事務所陳長文律師
著作權顧問 — 魏啟翔律師
社址 — 台北市 104 松江路 93 巷 1 號 2 樓
讀者服務專線 — (02)2662-0012
傳　真 — (02)2662-0007；2662-0009
電子信箱 — cwpc@cwgv.com.tw
直接郵撥帳號 — 1326703-6 號　遠見天下文化出版股份有限公司

電腦排版／製版廠 —中原造像股份有限公司
印刷廠 — 中原造像股份有限公司
裝訂廠 — 中原造像股份有限公司
登記證 — 局版台業字第 2517 號
總經銷 — 大和書報圖書股份有限公司　電話／ (02)8990-2588
出版日期 — 2022 年 5 月 20 日第一版第 1 次印行

定價 — NT 500 元
ISBN — 978-986-525-488-9
EISBN — 9789865256104（EPUB）；9789865256098（PDF）
書號 — BCB765
天下文化官網 — bookzone.cwgv.com.tw